江苏银行盐城分行员工金融强国建设实践心得录

主　编　陈亚红　陈之佳

东南大学出版社
SOUTHEAST UNIVERSITY PRESS
·南京·

图书在版编目(CIP)数据

融创之美：江苏银行盐城分行员工金融强国建设实践心得录 / 陈亚红，陈之佳主编． — 南京：东南大学出版社，2024.9． — ISBN 978-7-5766-1509-8

Ⅰ．F832.29

中国国家版本馆CIP数据核字第2024WK0563号

责任编辑：刘　坚(liu-jian@seu.edu.cn)　　责任校对：子雪莲
封面设计：王　玥　　责任印制：周荣虎

融创之美：江苏银行盐城分行员工金融强国建设实践心得录

Rongchuang Zhi Mei: Jiangsu Yinhang Yancheng Fenhang Yuangong Jinrong Qiangguo Jianshe Shijian Xinde Lu

主　　编	陈亚红　陈之佳
出版发行	东南大学出版社
出 版 人	白云飞
社　　址	南京市四牌楼2号(邮编：210096　电话：025-83793330)
经　　销	全国各地新华书店
印　　刷	江苏凤凰盐城印刷有限公司
开　　本	787mm×1092mm　1/16
印　　张	15.25
字　　数	320千字
版　　次	2024年9月第1版
印　　次	2024年9月第1次印刷
书　　号	ISBN 978-7-5766-1509-8
定　　价	66.00元

本社图书若有印装质量问题，请直接与营销部调换。电话(传真)：025-83791830

盐鸣九州赋

美哉盐城,风物妍森。涛声吹雨,雾气横空,草长莺飞,鹤翔鹿鸣。城虽无山,然水道纵横,为湖为港为河为荡;土壤膏膜,宜稻宜桑宜果宜蔬。姹紫嫣红,荷兰花海喜迎八方宾客;光影斑驳,黄海公园洵为人间仙境。黄渤海湿地世界自然遗产,名不虚传也!

壮哉盐城,人文荟萃。西汉始设盐渎,东晋方称盐城。斗转星移,沧海桑田,刚勇坚毅,精神薪传。先忧后乐,筑堤捍海御风波险恶;中流砥柱,负帝蹈海彰家国情怀。海防关隘,云梯关犹存抗倭陈迹;勒石纪功,宋公堤足证民本意识。停翅港忆群星云集豪气贯日,纪念馆学铁军精神敢于斗争。

幸哉盐城,钟灵毓秀。欣逢盛世,政通人和。江苏银行盐城分行,立时代潮头,怀鸿鹄之志,鸣九州之滨,昂扬争先激情,勇当排头兵,屡创新佳绩。探路放眼未来,创新迭变图强。滩涂无垠兮,鹤舞四海;奋楫中流兮,盐鸣九州;旭日东升兮,霞光大道!

序

日出江花红胜火

徐向林

初夏,风清气朗,草木葳蕤。

正是这样的好时节,打开厚实的《融创之美》书稿,一股蓬勃向上的气息从纸上一跃而起,直冲云霄,林林总总的诗文恍若百花竞绽、姹紫嫣红。

翻阅这部出自江苏银行盐城分行员工笔端的书稿,其体裁之丰富令人惊叹,其题材之广泛引人入胜。体裁上,囊括了诗歌、散文、随笔、古体诗词等诸多文体,足见作者们的涉猎之高远;题材上,包罗了党史、影视、读书、工作、生活、情感、哲思等诸多领域,展现作者们的视野之辽阔。体裁上的高远与题材上的辽阔互为经纬,勾勒出江苏银行盐城分行企业文化的总体样貌,也积淀出江苏银行盐城分行人深厚的文化底蕴。

纵观这部书稿,我直观地认为其有"三情"紧紧相随:

一曰挚情。言为心声,字为心画。江苏银行盐城分行人胸怀"国之大者",不忘初心、牢记使命,始终秉持"金融为民"的理念,对党忠诚、对客户热忱,其"听党话、感党恩、跟党走"的坚强意志和"在党爱党、在党为党"的真挚之情,在字里行间表现得淋漓尽致,如《向上向善 笃定笃行》《致闪光的你》《向下扎根 向上生长》等文章,无不襟怀坦荡、豪气干云、催人奋进。

二曰热情。热爱生活的人,总能将平凡的日子点亮成一幅美丽的画卷。透过书稿中的文字,我们能切身感受到作者们对工作、对生活的"热辣滚烫"。《银行里的"母亲"》揭秘式展示出"女强人"的似水柔情,《卖豆腐的父亲》《成为像外公一样的人》回忆式展示出良好家风的代代传承,《"得"与"失"》《争做那一棵毛竹》哲思式展示出且行且思的精神收获……我思故我在，在江苏银行"融创之美"的感召下，唯有对工作、对生活拥有无限热爱之情，才能思接连云、文采飞扬、挥洒自如。

三曰尽情。文章合为时而著，歌诗合为事而作。在江苏银行盐城分行这个大舞台上，春和景明、氛围融洽，时代的追光灯始终打在一个个追梦人、奋斗者身上，这也使得他们人人成为主角，个个争做奉献，文章中也得以尽情展示他们的梦想、他们的追求、他们的精神世界。如老员工尽情抒发出《变》的感慨，中坚员工展情展示出《啄壳而出　搏击长空——电影〈长津湖〉观后感》的壮志，年轻员工尽情表达出《活出"C位"精彩》的宣言等等，呈现青蓝相继、前浪奔腾、后浪奔涌。

尤其值得一提的是，江苏银行盐城分行近年来的"书声朗朗"，已成一道靓丽的风景。在这部书稿中，书评占了较大的篇章。腹有诗书气自华，翻开作者们的书单，《平凡的世界》《活着》《园林有境》《厚积落叶听雨声》《态度：大国工匠和他们的时代》《我们仨》等经典著作扑面而来，这也是展示江苏银行盐城分行文化底蕴的一扇窗口，从中，我们可以管窥出作者们的文化积累，也可以透过窗口瞭望他们的诗和远方。书香盈怀，这是人生之幸、时代之幸、未来之幸！

这部书稿，收录了江苏银行盐城分行员工2021年以来创作的120余篇诗文，当然，这只是局部的呈现，只是从浩荡江河中采撷的几朵浪花。能够诉诸文字的，是一种显性的存在，我相信，还有诸多文章隐于他们的心中，正如蓄势待发的种子，随时可以破土而出、茁壮成长。这也是江苏银行盐城分行文化传承的一种方式。而这部书稿，已将文化的沃土耕耘出来，且将种子播撒而下，其功善莫大焉。

"日出江花红胜火，春来江水绿如蓝。"这是唐代大诗人白居易《忆江南》中的诗句，我从中撷取一句作为本文的标题，意在借此祝愿江苏银行盐城分行在新征程上，融"阳光"与"江水"创新前行，未来之途愈融愈美、行稳致远。

是为序。

（作者系中国作家协会会员、江苏省作家协会全委会委员、盐城市作家协会主席）

本书编委会

主　　任　毛　亮

副主任　朱海泉　孙　健

　　　　　　刘百玲　朱　兴　崔建松

目录

书香年味	陈亚红	001
愿人间无疫	陈之佳	003
银行里的"母亲"	刘必淳	004
春天百花放	袁金雯	006
有事马上办　服务不打烊	柏　楠	008
用情怀和责任"点亮"支行发展	张　琳	010
我是中国共产党党员	李　建	012
三代人的铁铸回忆	陈婷婷	014
致闪光的你	孟宁静	016
行远自迩　踔厉奋发——在党史学习中践行初心使命	孙维荣	018
卖豆腐的父亲	孙维荣	021
人生的丰年与荒年	顾明义	023
调寄沁园春·悼袁隆平院士	陈之佳	025
使命的传承	徐圆圆	026
中国，向党而生	陈之佳	028
特殊的"生日"	程新蕾	030
心中有信仰　脚下有力量	陈　娟	032
红色的信仰	曹敏智	034
听党话　跟党走	杨季萍	036
守岛人	吴　凡	038
以勇士之心　绽放芳华	周　珺	040
百年恰是风华正茂	程新蕾	042
从学深悟透中激扬奋勇向前的力量	王德志	044
啄壳而出，搏击长空——电影《长津湖》观后感	陈亚红	046
倡廉说	杨季萍	048
成为像外公一样的人	刘　丹	049
100年后的回眸	于　军	051
毕棚沟秋色（一）	赵真摄	053
毕棚沟秋色（二）	赵真摄	054
毕棚沟秋色（三）	赵真摄	055
毕棚沟秋色（四）	赵真摄	056

篇目	作者	页码
池畔虾鱼图	陈拥军 作	057
爱莲说	童雷婷 作	058
北国风光	邓琳琳 摄	059
彩叶交织，如火流金	赵真 摄	060
我听爷爷说	路柏华	061
新年礼物	陶冶	063
向上向善　笃定笃行	陈亚红	064
虎虎生风新一年	陈亚红	066
迈步从头越，再启新征程	陶冶	068
春日漫想	朱笑吟	069
百年薪火，传承有我	孟宁静	070
初夏的浪漫	陈亚红	072
扎根沃土，向阳绽放	袁金雯	073
"得"与"失"	孙峰	074
谈花馔	乔斌	075
争做那一棵毛竹	殷梦杰	076
切切关怀心，浓浓客户情	姜昊	078
烟雨半夏	李建	080
如你所愿，盛世欢颜——观看《周恩来的四个昼夜》有感	姜昊	081
夏日限定	孟娴	082
散步有感	辛爱林	084
追梦，我们一直在路上	虞凌燕	085
活出"C位"精彩	王诗奕	086
遵从内心的真实	王嫣然	087
扎根岁月成长，收获胜利荣光	李颖慧	088
大漠里的铁路匠人	陶冶	090
百年奋斗不息，青春追光不止	陶冶	092
向下扎根　向上生长	朱蝶	093
《厚积落叶听雨声》读后感	邹玮	095
年轻人拥有未来——《阅读，游历和爱情》读后感	陈婷婷	096
茶与人——《南方有嘉木》读后感	王笛	097
心向基层　一路生花	辛爱林	099
悲喜相济，哀而不伤——《我们仨》读后感	丁莹	101
家风严谨　清风徐来——读《南怀瑾家风家教》心得体会	于军	102
坚持的力量——读《态度：大国工匠和他们的时代》有感	陈亚红	104
风景在路上——2023新春寄语	陈亚红	106
读《非暴力沟通》有感	韦钰和	107
终身学习，学以致用	祁磊	108
铭记历史，接续奋斗——电影《跨过鸭绿江》观后感	祁磊	110

篇名	作者	页码
在工作中遇见更好的自己	曹敏智	111
清风凉自林谷出,廉洁源从自律来	杨传胜作	113
春之生机	赵真摄	114
春的畅想	韩悦摄	115
老树新枝	赵真摄	116
海上风车	赵真摄	117
桂林山水	赵真摄	118
大红山	赵真摄	119
江上清风游	钱峰摄	120
说知心话 办暖心事 做客户的贴心人	陈之佳	121
《解忧杂货店》读后感	张琳	123
夏日中的一缕清凉	袁玮	124
人间烟火气,最抚凡人心	王铁权	126
生命、梦想、爱和幸福——《成就最好的自己》读后感	陈婷婷	128
《愿你一生清澈明朗》读后感	徐帅	130
纸上游园 探寻往事——读《园林有境》有感	王铁权	131
《病隙碎笔》读后感	刘蕾	133
与江苏银行共度最美"拾光"	李建	134
忆红色初心	程新蕾	136
我的金融"四季歌"	陈之佳	138
变	陈拥军	140
跨越二十年的牵手	梁燕	142
年终决算与狮子头	李东	144
年味	李建	145
张奶奶一家的"云团圆"	王嫣然	147
早	孟娴	149
春	王诗奕	150
读红色经典 做红色传人——读《总不要辱你老这块肉与这滴血,还要在世界上放一个特别光明》有感	柏楠	152
养花人小记	孟宁静	154
柘木树下	朱守军	155
奋斗百年路 启航新征程	王丽	157
与你同行	程新蕾	160
廉寄苏行同仁	陈之佳	161
寓话廉洁	陈婷婷	162
了不起的平凡	袁金雯	164
阅读的境界	王诗奕	165
学党史有感	陈李金	167
时代的中间人	袁金雯	169

篇目	作者	页码
秋之韵	李　建	170
青春答卷	李　建	172
观《长津湖之水门桥》有感	黄　健	174
燃烧自己的巨人	李　晨	176
徽州印象	赵真摄	177
老墙一角	王笛作	178
静物	杨玉雯作	179
同心湖晨曦	赵真摄	180
日出东方隈（一）	陶妍摄	181
日出东方隈（二）	陶妍摄	182
火焰山	钱峰摄	183
羌塘高原上的小可爱们	赵真摄	184
凝心聚力向未来，中国青年再出发	王　瑞	185
时间	黄宗仰	187
云烟散尽见星空——2022年"开门红"后记	朱守军	189
得失	孙　峰	191
观《隐入尘烟》有感	季琳琳	192
心之归处是梦乡	曹　婷	194
坚持与热爱	胡　琪	196
生活的温度——读《平凡的世界》有感	孟　娴	197
相信自己	孙　峰	199
爷爷的小院	童　娴	200
人生是一程单向旅行	王诗奕	202
你的名字	王诗奕	203
在终点等你	王诗奕	205
每个人都是一束光——有感于观影《满江红》	施娴娟	207
星火燎"新原" "四敢"耀未来——读《浴火摇篮》有感	李　建	209
扬州的春天	刘淑仪	211
忆秦娥·再看《四渡赤水》电影有感	朱守军	212
观秦淮	张融丰	213
读《钝感力》有感	黄　健	215
《被讨厌的勇气》读后感	王虎成	217
小城的边界	王嫣然	219
岁月留痕	朱泳青	221
故乡美	陈文敏	223
品牌的力量	陈亚红	225
拥抱春天	陈亚红	227
那一种乡愁	陈亚红	229
后记		231

书香年味

陈亚红

龙年新春佳节即将到来，记忆里和家人一起忙年守岁、共度春节的场景总是一遍又一遍地浮现在脑海里，挥之不去。父母堂前屋后忙着张罗，灶台前洗碗切菜炒，柴火灶下添柴烟火起，还有摆桌搬凳拿碗筷的，家长里短偶尔冒出两句调侃玩笑话，欢声笑语地围坐在餐桌前，热气腾腾的饭菜，映照出喜气洋洋的热闹，其乐融融、暖意融融，人生幸福的事情，莫过于一家人烟火味里的彼此守候。

小时候，父亲在除夕除了会给我们压岁钱，还会给我们几本小人书、儿童画册，或者是未见过的本子，那是盼望已久的一份惊喜。欢天喜地过大年，那种书香伴着饭香的场景，幸福而又温馨，心中有爱、枕边有书，这大概便是生活最美的样子吧。

单位里组织开展全民阅读活动，年底梳理总结时才发觉，书虽读了不少，但与年初读书计划书目相对照，也相差不少呢。原来，读书也是随性而翻，看当时的心境、氛围，还有缘分。有人说读书解决不了现实问题，可是不读书，你很可能连问题都发现不了。读书能让你增长见识、提升认知、打开胸襟，遇事更加从容，对抗平庸，也不会迷茫。对于人生的一切烦恼，读书都是良药。

因为一本书，我去了一趟东北，站在一望无际的大草原上，想到《额尔古纳河右岸》里描写的鄂温克族群的灵魂和故事，才明白：真正的成熟，是饱经沧桑后的通透，人生轨迹的差异，更多的是缘于一个人处于逆境时的态度和选择。旅行，其实与读书有很多相通的地方，可以见天见地见众生，在书的世界里找自己、在外面的世界里寻内心。

把年味和书香连在一起，其实也有些许讲究的。年前大扫除，正如读书，掸除心灵上的灰尘；发面蒸包子，也像极了读很多书之后的沉淀与薄发；写对联,更是有许多读书知识的讲究;走亲访友中叙旧聊家常,谈笑有鸿儒,观人识事皆是书中学问。生活,本来就是一本书,细细品味,领略其中的韵味。前几天下了一场大雪,染白了尘世,也安宁着人心。客厅茶几上的那盆蝴蝶兰很是显眼,花瓣晶莹剔透,叶片形态独特,优雅而富有光泽,映照着室外慢慢落下的雪。白雪却嫌春色晚,故穿庭树作飞花。古代诗人寥寥几笔就勾勒出动人的画面,颇有意境。兰花叶片饱满,自然需要经历风霜,在暗处执着生长,便有今日的馥郁传香。心驰神往的人生,背后亦是甘于寂寞的奋斗。莫言说,无论多少残酷的生活,都包含着浪漫的情调。

春节长假里,可以好好静下心来读几本书,既是消磨打发时光,还可以探究未知世界,探寻天知奥秘,还有先知的觉醒和领悟。记得在读纪伯伦的《先知》时,一点也没有其他作品带来的愉悦和欢快,甚至会有一丝苦涩,让人在咀嚼溢满字里行间哲理的同时,感受不一样的深沉,意会别样的情愫。痛苦其实也是一种经历,读书何尝不是呢?

人不可能同时拥有青春和对青春的感受,同样人也不可能身在故乡就知道故乡有多好。他乡纵有当头月,不及故乡一盏灯。过年了,人们吃辛受苦地往家赶,正是因为家乡有为你而留的那盏灯,这也正是过年回家的意义所在。荷兰作家罗伊·马丁纳说:只有不需要外界的赞美,我们才会变得真正的自由。这是一种超脱、一种境界,不在无谓的人和事上浪费时间精力,活出自我、活出精彩,放松身心回家过年,在纷扰的世间默默守护好属于自己的灯火。

早上在小河边慢跑,依稀可见柳树有了枝芽,雪后的蜡梅更傲骨。品读蜡梅芳心醉,雪压梅枝绽花蕾。带有节奏的脚踩雪地声中,能感受春天的脚步,远方佳人,婵媛弄眉皆风情。南风知我意,吹梦到西洲。岁月是生命中最好的导师,它让你洗尽铅华,藏起锋芒,而读书让你学会了隐忍,知道如何圆通,亦懂得涵容待人、淡然处世。

新年的钟声就要敲响,愿我们每个人都能把读书当成一种乐趣,在飘满墨香的世界里,润泽平淡,去除烦恼,乐观坦然地面对生活,把日子过得更有滋味、活色生香。

愿人间无疫

陈之佳

玉宇澄溪簇青红，

已报新枝一信风。

梦觉九州旧疫尽，

护君海内万里通。

银行里的"母亲"

刘必淳

我喜欢观察。银行里有很多女性员工，在单位，她们是领导，是姐姐，是无所不能的职场女强人；回归家庭，她们是妻子，是女儿，是母亲。而"母亲"这个角色，基本上是她们每个人的生活重心。

第一位母亲，孩子还不满周岁。这位母亲不是本地人，研究生毕业后为了爱情追随男友来到盐城。孩子还小，离不开人照顾，但母亲很努力，她充分利用在班时间做好本职工作，同时积极拓展各类业务。下班后则立刻赶回家中，努力把握住孩子成长的每个瞬间。

第二位母亲，是名初中生的妈妈。男孩子进入青春期，像个小爆竹，一点就燃。母亲说话开始变得小心，与孩子的相处有些谨慎，想更多地了解孩子，又不知道用什么方式，孩子与母亲之间有了不可言说的秘密。这位母亲闲聊时经常向行里其他母亲咨询请教，试图恢复如小时候一般母子间亲密无间的关系，一心打算做出改变，把孩子当成朋友。

第三位母亲，孩子刚刚高考结束，成绩很理想。孩子也很听话，看起来母亲没有什么需要操心的。可是母亲每天下班回到家，面对即将翱翔的雏鹰，心中总是难免充满失落，母亲第一次体会到龙应台书里所说的放手，也第一次决定剪断缠着风筝的线，让风筝在广阔天地自由翱翔，去他想去的任何地方，母亲永远在原地守候。

第四位母亲，她的孩子一个人在外地打拼。母亲因工作没办法经常去看望孩子，每天的问候、每周的电话是少不了的。儿行千里母担忧，不管告诉自己多少遍要放手，但心里总是牵挂着孩子的工作、孩子的生活、孩子的感情，不敢多问，却时时刻刻挂念在心头。

银行里的母亲虽然工作比较忙碌，但她们并不因此而未履行好母亲的角色。相反，她们更加高效努力地工作，争取与孩子更多的互动时间，争取给孩子提供更好的生活条件，争取为孩子树立积极向上的榜样。银行里的母亲们和世上其他的母亲，大概是相同的，却又是不同的。她们对孩子的爱如出一辙，表达爱的方式却各有千秋。孩子在长大，慢慢从母亲怀里挣脱，再创造出一个完全属于自己的家庭，这个持续时间无比漫长的过程，对很多母亲来说，又是恍如昨日般的短暂。

　　我还未当母亲，看着银行里的母亲们，我似乎更理解了"母亲"。

春天百花放

袁金雯

每一座城市都会历经春天,
我的家乡在她来临的时候,
播下了希望的种子,
朝培夕灌,
寒耕暑耘。

经过暖暖的夏风,
呆呆的秋阳,
融融的冬雪,
迎来了全面小康时代。

衣食丰足,
广厦栉比,
年岁无忧。

在此之后,
便筑建起了精神上的家园,
日益领会红色铁军精神,
日渐盛行白色海盐文化,
日臻完善绿色自然保护区,
日雕月琢青卷古籍中的英雄故居,
日增月益浮翠流丹的百亩花海。

多彩的精神艺术,
向阳盛放,
如百花、胜百花。
我仿佛看到,
人们更加勇敢地张开双臂,
拥抱生活。

有事马上办　服务不打烊

柏　楠

天行健，君子以自强不息；地势坤，君子以厚德载物。作为一名银行从业人员，服务着许许多多的个人和企业，我时刻提醒自己，要有奉献精神，要用持之以恒的坚持和对这份工作的热爱，用责任心、爱心、留心，满足客户每一个需求，赢得客户的信任。

"责任心"

"柏经理，我有一笔票据业务急着办理，明天是大年三十，你们今天下午还能办理吗？我可能要迟点才能到你们单位。"客户着急地问道。

"可以的，您随时来，我们随时帮您办理！"我回答道。

下午三点多，客户急急忙忙赶到支行，要将500万元的银行承兑汇票贴现到账，五点半之前付工程款。时间紧、任务急，我和团队小伙伴们，分工明确，备材料、办手续、走流程，很顺畅地完成了业务办理，赶在时间节点前帮客户将钱转给了对方。

"太谢谢你们了，可帮我大忙了，对方正等着这笔钱呢！"客户感激地说道。

看着客户满意的眼神，心中不由升起一种满足感。在银行从业十余年，无论客户何时有业务需求，第一反应总是想尽一切办法满足客户需求。"责任心"三个字时刻悬挂在心上，因为我知道，我们服务的每一个个体，都涉及金钱、涉及生活。当我们快一点帮客户将款项支付到位，也许客户的年就能过得更顺心一点，客户对江苏银行的满意度就更高一点。我不打烊的春节，让客户的春节更顺心！

"爱心"

"柏经理,我有笔拆迁款想存你们那,你们那利率多少?"大年初五客户打电话问道。

"您存多久,存多少钱呢?"我问道。

"50万元,存三年。"客户说道。

"我推荐您存大额存单,锁定长期收益。"我说道。

"可我在乡镇,而且需要到农行把钱取出来,大年初五很不方便。"客户犹豫道。

"没关系,我开车去接您,陪您去其他银行取钱。"我立即回答道。

年初五一大早,我开车单程近一个小时到伍佑镇,将客户送至网点办理存款业务,客户对我们的服务频频点头称赞。

这样的情景太熟悉了。这么多年来,有太多节假日遇到这样的情形,我时刻告诉自己,对待客户要有爱心,要像对待自己家人一样。我不打烊的春节,让客户的春节更方便!

"留心"

"您的快递到了。"我打开包裹,这是我第六本名片夹了,我将近期的名片一一整理在名片夹里。大年初一,为名片夹里的每一位客户送上最真挚的新春祝福短信,这已成为我从业以来的"规定工作"了。

"金牛送吉祥,春来迎福到!陈先生,感谢您这一年来对我工作的支持,对江苏银行的认可,祝您新春快乐,身体健康,牛年大吉!"

"谢谢你一直以来热心的服务,江苏银行的服务让我们非常暖心,祝你新春快乐,万事如意!"

这样的短信交流,拉近了我和客户之间的距离,也让客户在需要银行服务时,第一个想到江苏银行。作为一名银行员工,我早已学会处处留心客户的需求,把客户时刻放在心上,我希望能通过每一个留心换得客户的真心。我不打烊的春节,让客户的春节更暖心!

用情怀和责任"点亮"支行发展

张 琳

在江苏银行盐城黄海支行有这么一群人,他们兢兢业业、尽职尽责地工作着,他们看似平凡,但在开门红网点最忙碌的时候,演绎出了不平凡的故事。

先说说黄海支行的行长——徐慧。徐行长是黄海支行的"主心骨",在支行的发展过程中,战斗一线永远都有她的身影。2020年底,黄海支行迎来了一笔金额较大的贷款业务。这笔业务流程繁多、手续复杂、时间紧迫。而且再过几天就要跨年了,加上极端寒潮来袭,盐城大雪覆盖、交通不便,留给黄海支行的时间不多了。

为了推动这个项目顺利落地,徐行长直接住在了企业周边的宾馆中,节约时间与股东们沟通协调,连夜谈妥了协议;派出人员赶赴北京签署合同,提前安排好了飞机、动车乃至汽车行程,"海陆空"多方面确保万无一失。在大家的努力下,一个又一个难题被接连斩落马下,终于赶在2020年底前使项目成功落地。

我不是一个人在战斗——这是徐行长的情怀。

再说说我们的委派会计——颜雨兰。正如她的名字,颜主任待人接物如春风化雨、润物无声,对待员工像对待自己的家人。每当发现员工工作上有情绪、有烦恼的时候,颜主任会主动开导,为他们排忧解难。她心系网点,有着强烈的大局意识、团队意识。年前业务高峰期,一位客户来网点办理业务,因为排队时间较长而有些激动,颜主任见状立即将其迎入理财室,和客户聊聊天,既平复了客户的心情,也增进了与客户的联系;每当支行有项目落地,颜主任都会带领柜面全力配合协作,推动业务高效办理;每当过年的时候厅堂里特别忙碌,颜主任会主动挺身而出,维持秩序、协助指导客户激活网银……

我们不仅是同事，更是家人——这是颜主任的情怀。

再来说说对公记账员——张琳。她是一位刚刚回到工作岗位的新手妈妈。"开门红"期间，对公业务量大，业务种类多，还在哺乳期的张琳为了不影响客户办理业务，不给同事增负担，从不迟到早退，甚至放弃了哺乳时间。因为只有一个对公柜台，办理开户、变更等业务耗时较长，她统筹兼顾，利用琐碎时间办理反洗钱、转账等业务；为了进一步节省业务办理时间，她每天将第二天需要办理的复杂业务记录下来，将需要准备的表格材料提前整理好，大大提高了业务办理效率。别人问她："你这样上班一天，中午也不回去，宝宝喝奶怎么办？"她笑着说："我在冰箱里存了好多母乳，辛苦是辛苦了点，但这样才能兼顾孩子和工作。"

工作和家庭两样都兼顾，做孩子最好的榜样——这是张会计的情怀。

除了他们，黄海支行乃至江苏银行每一名员工，从他们身上都能读出动人的故事。为了减少客户等候时间，提供高效服务，服务经理紧张忙碌、顾不上喝水，就连去卫生间都是一路小跑；为了争揽业务，做好项目，客户经理们废寝忘食、锲而不舍。正是在这样的环境里，时刻被这样的氛围感染，时刻被这样的责任感激励，才孕育出了这样一个个奋发向上的团队。

我是中国共产党党员

李 建

日暖风熏，翠柏凝春，清明站在庄严肃穆的烈士纪念碑前重温入党誓词：我志愿加入中国共产党……

是的，我是中国共产党党员。

小时候，第一次听到"共产党员"这几个字，还是在饭桌上听姥爷讲过去毛主席带领农民打土豪分田地的故事，于是小小的我便认为：毛主席就是共产党，共产党就是毛主席！共产党员是动画片里英雄般的模样：惩奸除恶，维护公平正义。上小学时，我第一次戴上红领巾。老师教我们唱少先队队歌，给我们讲刘胡兰、邱少云，我知道了没有共产党就没有新中国，我们是共产主义接班人。

到了中学，我从历史课本上学习到孔繁森、焦裕禄、李向群，我明白了共产党员是鞠躬尽瘁、死而后已。在大学里，当我举起右手面对镶着镰刀斧头的鲜红党旗，从铮铮的誓言中我才真正理解了共产党员这几个字的真实含义和分量：它代表着共产主义崇高的信念和最高的理想！

学党史，强信念，跟党走。当我再次翻开党史的第一页，思绪回到那风雨如磐的旧社会：鸦片战争拉开了外国侵略者在中国国土上飞扬跋扈、肆意践踏山河的序幕，那是一部山河破碎、生灵涂炭的血泪史。长夜漫漫，直到1921年的那个夏天，浙江嘉兴南湖上泛着清波的一艘小船闯过无数的暗礁险滩，浩浩荡荡驶进了建设社会主义新中国的大海洋。

在中华民族生死存亡的关头，中国共产党的诞生犹如黎明前的曙光，刺破黑暗的长空，给中国人民带来了光明和希望。不管是延安窑洞的斜风细雨，还是井冈山太行山的腥风血雨，中国共产党用燎原的星火点亮了四万万劳苦大众前进的道路。历经艰苦卓绝的抗日战争解放战争，换来了天安门城楼上的那一句庄严宣告"中华人民共和国中央人民政府今天成立了!"。翻雪山、走泥潭、啃树皮依然可以带领人民打胜仗,这是历史勾勒出的中国共产党人最初的形象。

新中国成立后,面对满目疮痍的国土、一穷二白的经济,有人选择在西北荒漠隐姓埋名,用青春和智慧铸就大国重器、倚天长剑;有人在东北雪原,用身体搅拌水泥、封堵石油井喷。改革开放,翻开了中国特色社会主义发展的新篇章。有人在安徽小岗村,立军令状,带领农民跨过温饱奔小康;有人在浙江义乌,冲破束缚,激活民营经济。走进新时代,有人在西昌卫星城,上天入地、探月摘星;有人在国际外交中,坚决捍卫国家尊严;还有人在疫情重灾区,逆行而上,换取千家万户的安康!他们是谁?有名的无名的,无法一一道出,但他们有一个共同闪亮的名字:共产党员!中国共产党是一个多么有魅力的组织,身在这个组织的人总是能够在艰难困苦面前大义凛然、视死如归!

今年是我进入江苏银行的第十二个年头,我发现我的身边也有这样一群人,他们伴着日落陪着日出,穿梭在街头社区树立江苏银行品牌形象;他们顶着严寒、冒着酷暑,带头"跑村扫户"提升市场份额;他们挑灯夜战,在岗位上潜心钻研新业务新技术。他们是行长、是部门负责人也是普通员工,他们是冲锋在发展最前列的共产党员。是他们用实际践行告诉我,一名合格的共产党员在平凡的岗位上一样可以创造伟大。爱岗敬业、无私奉献才是共产党员要取的真经。每天早晨,当我戴上党徽和工号牌的时候,我都会提醒自己要时刻与崇高相伴、与奉献同行!

我是共产党员,我是江苏银行盐城分行的一名共产党员,我愿意用奋斗点染江苏银行华枝春满!

三代人的铁铸回忆

陈婷婷

  我们可能出生于不同的年代,但对于脚下的这座城市,一定有着一个属于我们的共同回忆。每座城市都有独特的历史烙印。盐城,在我们的记忆里,有着一段红色的峥嵘岁月。从小,我就知道盐城是新四军抗战史上的革命圣地,也听大人们讲过很多抗战故事,英勇的新四军被群众唤作"铁军",我的外公也曾是一位"铁军"战士。

  外公的老家海河有一个村名叫"烈士村"。1944 年 6 月 30 日,正值敌后抗日战争最艰难的时期,凌晨,新四军战士听到海河上游方向传来汽艇的马达声,经过侦查,载满日伪军的三艘汽艇从上冈驶来。接到阻击敌方的战斗指令后,战士们纷纷拿起武器,海河岸边手榴弹、炮轰声不断,激战 7 个多小时后,鲜血染红了海河的水,染红了岸上的土,18 名年轻的新四军战士牺牲了,当地群众满含泪水将他们集体安葬,这就是今天的十八烈士墓。蓝天白云下,苍松翠柏间,革命烈士碑巍然耸立,碑顶的红色五星熠熠生辉。

  习近平总书记说,新四军在抗战中展现了天下兴亡、匹夫有责的爱国情怀,视死如归、宁死不屈的民族气节,不畏强暴、血战到底的英雄气概,百折不挠、坚忍不拔的必胜信念。或许这就是面对强敌铁骨铮铮铁军精神的概括,它贯穿枪林弹雨的革命岁月,铸就了一代人钢浇铁铸的革命史。

  "抢工时""争劳模",工人时代的父辈们总是精神抖擞、活力满满。父亲曾在工作中不慎扭了腰,腰椎间盘突出让他数月不能正常走动,但他仍坚持坐在装配间的木凳上,对照图纸为装配出口的机床作最后的质量把关。"劳动最光荣""岗位需要我",这正是传承了老一辈的钢筋铁骨,传承了新四军当年忠于职守、攻坚克难的"铁军"精神,也造就了像父亲这样的岗位先锋、劳动标兵。

  后来,我们一头奔向了改革开放的艳阳天,马不停蹄地迎来了瞬间万变的网络信息时代。这是一个崭新的时代，我们这一代年轻人登上了历史的舞台。大学毕业后，我选择回到家乡，进入正在转型的银行业。有人把我们称作是光鲜亮丽的"白领"，但是我们常常自嘲是"金融民工"。

其实，想做一个优秀的"金融民工"并不容易。通过校园招聘，进入银行的第一站便是柜台，面对大量琐碎的基础工作，要具备细心、耐心、责任心和独立性，这极大地考验了我们的意志力和忍耐力。从事零售工作后，被身边的前辈们鼓舞着，他们是党员先锋、年轻干部、青年铁军，总是充满着干劲与冲劲，为了冲刺业绩他们可以通宵达旦，为了测试业务他们曾经披星戴月，为了外拓营销他们总是奔波在路上。

我们的祖辈经历了战争的洗礼，他们的铁军精神是勇敢无畏、团结战斗的革命精神；我们的父辈用劳动和勤奋改变了一穷二白的时代，他们的铁军精神是艰苦奋斗、开拓进取的工匠精神；如今我们也要顺应新时代需求，继续传承并赋予铁军精神新的内涵，对应出自己人生的精神依托。

夜幕降临，华灯初上，母校教学楼顶一句话随路灯亮起，"在一中，你会遇见最好的自己"。在"两个一百年"的历史交汇点，我想，在江苏银行，我会遇见更好的自己，我期望书写属于自己的铁铸回忆，以金融铁军的雄姿，奋进新时代，筑梦新征程！

致闪光的你

孟宁静

现代管理学之父彼得·德鲁克有句名言："动荡时代最大的危险不是动荡本身，而是仍然沿用过去的思维逻辑做事。"面对竞争愈加激烈的市场环境，2021年的营销之路对于我们零售客户经理来说变得更具挑战。面对困难，我们营业部的零售客户经理没有泄气，而是迅速调整思维研究新的切入点，积极外拓和电话营销，努力将工作做到最好。

百炼成钢绕指柔

陈婷婷是部门最年轻的90后。虽然转岗不久，但刚过哺乳期的她从不缺席任何一次外拓。为了让更多客户知道和了解我行的随e融，她是丈量城市的穿行者，从市区到县城，从县城到乡镇，哪里有客户哪里就有她奔跑的身影。为了提高随e融的支用率，她认真周到地服务客户。每周二，随e融8.8折优惠券手机银行10点开抢，她总是提前梳理好客户信息，笔记本上满满记录着本周需要提醒抢券的客户名单。

坚守中绽放芳华

刘紫逸是总行评定的2020年优秀客户经理。面对"零售客户经理只会埋头做材料"的质疑，她不急不争，积极向客户推送财经资讯，做好业务答疑，用优质的服务让客户乐于帮她以老带新拓展业务。她总说贷款存款不分家，我们的金融服务不能单一；她总说服务无止境，客户才是我们的星辰大海。当面对信用卡、车位分期等指标时她的业绩让人惊艳。空山无人，流水花开，我想这就是她的营销境界吧。

一线螺丝钉

把简单的事做实,把平凡的事做好,这句话形容部门的孙迎新大哥再贴切不过。"饮水机没水了""征信机没有墨"这些工作中琐碎的事情似乎都被大哥包揽了。当疫情还未散去,面对去医院外拓的重任,孙大哥义无反顾。

梦想从不会自动成真,唯有奔跑才有远方。奔跑的路上总有人说"人间不值得",奔跑的路上总有人感到彷徨,而我们能做的就是把焦虑从无能为力的事情上转移,把时间用在能让工作生活变好的事情上。我们岗位平凡,但我们愿迎万难,无边梦想,万物可期。所谓最美的风景就是遇见闪光的自己。

致敬每一个为梦想步履不停的你。

致敬每一个奋战在一线服务的你。

致敬每一个闪闪发光的你。

行远自迩　踔厉奋发

——在党史学习中践行初心使命

孙维荣

中国古人说过：度之往事，验之来事，参之平素，可则决之。唐太宗说过：夫以铜为镜，可以正衣冠；以史为镜，可以知兴替；以人为镜，可以明得失。习近平总书记说过：党的历史是最生动、最有说服力的教科书。

我党诞生于半殖民地半封建的旧中国，从上海法租界望志路106号、嘉兴南湖上摇曳的红船，从最初的寥寥五十余人，到如今泱泱中华各项事业的领导核心，党员人数已超9 000万。我们党一路走来，从一穷二白、百废待兴到如今世界第二大经济体。共产党人筚路蓝缕带领最广大人民群众走向共同富裕，2020年已全面完成脱贫攻坚目标。

中华民族已然崛起。滚滚长江东逝水，历史的洪流已然无法阻挡，如今的中国国泰民安，盛世中华，终不负老一辈共产党人穷尽一生、奋力追逐的梦想。我很自豪，我是一名中国人，更是一名党龄12年的共产党员。

今年是中国共产党建党100周年，共产党人从建党之初就将中华民族的解放和振兴作为自己的不二使命，要将亿万万劳苦大众从三座大山的压迫下解放出来，从"人吃人"的旧社会中脱离出来。无数共产党人抛头颅、洒热血，"捐躯赴国难，视死忽如归""砍头不要紧，只要主义真"，用自己的鲜血染筑成了迎风飘扬的五星红旗。

1927年4月28日，李大钊等人被押解到西交民巷京师看守所里一个庞大的绞刑架下，李大钊从容地看了看绞索，第一个登上了绞刑台，作了此生最后一次演说，如是说道："不能因为反动派今天绞死了我，就绞死了伟大的共产主义，共产主义在中国必然得到光辉的胜利"。像李大钊这样的共产党员不计其数,他们用自己年轻而又鲜活的生命,投身到共产主义的滚滚洪流中,"投身革命即为家,血雨腥风应有涯。取义成仁今日事,人间遍种自由花"。

盐城,最早溯源到汉武帝时期,公元前119年始建盐渎县;东晋晋安帝时因"环场皆盐场"更名为盐城。她是革命的老区,是皖南事变后新四军重建军部的地方。我出生的地方叫和气村,典型的苏北农村,近两千年农耕文明的洗礼,日出而作、日落而息的生活习惯至今没有变化。

小时候经常听父辈们说,这里曾经也是新四军血战日本侵略者的地方,很多地方都是当年的阻击点,最有名的当数离村不远的"胜利桥"。老人们经常讲述毛主席的故事,说毛主席是我们的大救星,没有毛主席就没有我们现在的好日子。高中就读的射阳中学是革命烈士赵敬之校长创立的,校园里依然陈列着建校初创时期的各式照片和典籍资料,透过这些过往的点点滴滴,自己仿佛置身在了那个山河破碎,无数有志青年为中华之崛起而埋头读书的岁月,舍生忘死、前赴后继。

2013年我走进了江苏银行,做过支行柜面员工、部门综合部员工、支行客户经理、总行法律保全部不良资产清收岗,辗转过三家支行、两个部门。八年的美好时光,我从一个象牙塔里走出的懵懂少年,到如今成为一个孩子的父亲,一位妻子的丈夫,一位八年工龄的"老员工"。

青春有梦,青春依旧在进行时。感恩于身边的同事、领导,一路走来,谆谆教导、耳提面命。两年的柜面生涯,让我明白生活并不是永远那么光鲜亮丽,一个人并不总能心想事成的,更多的是柴米油盐酱醋茶,更多的是脚踏实地、一步一个脚印。日复一日、看似简单的柜面操作,其实也有大学问,要求你对于每一步操作了然于胸、慎之又慎,不能逆流程、不能粗枝大叶、图方便快捷。柜面上要面对形形色色的人,要求你可能真正做到"不以物喜,不以己悲"。四年的部门综合生涯,让我更加理解"未雨绸缪"的重要性,"凡事预则立,不预则废"。

分行风险保全条线直面全行的各种风险,不管有多么不易,在这里只能努力往前冲,因为风险管控没有退路。近半年的支行客户经理生涯,让我深深地明白业务发展的不易,每一笔业务从申报到最终的放款,每一步都充满着艰辛与不易。有时候业务的发展与风险的管控看似存在一定的冲突,因为业务发展事关全行员工的福祉,毕竟我们是企业,盈利事关生存之道;全面的风险管控同样不可或缺,因为它保障了业务的稳健运行,我们才能走得更久、更远。我想在全面风险管控下的良性发展可能才是最健康、最有生命力的。

近一年的总行法保部特资中心不良资产清收岗，让我更加深刻地明白不良资产清收的不易，清收过程中的每一步都要付出太多的精力和心血，在外行人眼里看来"没啥事""不费吹灰之力"，漫漫前路上的艰辛可能只能自己细细品味与咀嚼。雄关漫道，唯有不断前行。

人生里有这样一首诗：当我们拥有她时，还无法读懂；当我们读懂她时，她已悄然远走。这首诗就是青春。我们的青春应该怎样度过呢？尼古拉.奥斯特洛夫斯基在《钢铁是怎样炼成的》写道：当他回首往事的时候，不因虚度年华而悔恨，也不因碌碌无为而羞耻。正值青春年华的我们，在江苏银行落地生根、开花结果，我们要无悔自己的选择，行远自迩、踔厉奋发，在党史学习中汲取源源不断的力量，践行自己的初心与使命，蓄势起航、乘风破浪，为江苏银行的美好明天添砖加瓦。

卖豆腐的父亲

孙维荣

时光匆匆，1987年出生的我今年已年近四十，成为一名父亲也八年有余。一个男人成熟的标志是什么？仁者见仁、智者见智，我的看法是：要等到自己的孩子出生了，自己成为一名父亲。因为有了孩子之后，你的身份将会发生很大的改变，此时的你将成为上有父母、下有娃的"顶梁柱"，你的肩上将有更多的责任与担当。我成了一名父亲后才深深地体会到了父亲的不易，一路走来，父亲为家庭、为我们承载着太多、牺牲了太多……

我的父亲是一位地地道道的农民，他个子不高、不善言辞，他起早贪黑，他很喜欢这个已满八岁的大孙子……记得小时候父亲是做豆腐的，家里养了一头驴，有一个石磨，驴被蒙着眼睛拉磨的场景至今还记在脑海里。

父亲每早都是凌晨三四点就起床了，忙着做豆腐。天还没大亮，父亲就用扁担挑起两桶豆腐，桶盖上铺满了香干和干丝，一路吆喝着"卖豆腐"，消失在黑暗中。父亲一般都要忙到上午九十点才能回来。那时候的人们出行正常都是靠两条腿，不知道父亲每天究竟跑了多远，不过十里八村的乡亲都说我父亲的豆腐不错，够正宗。

记得八岁前的我每次上学前都会跟家里要五毛到一元的零花钱，可能是去买零食吃吧。有一次父亲正忙着做豆腐，我闹着要钱，大声吼道不给钱我就不去上学。父亲情急之下揍了我一顿，我终究还是哭着上学去了。那可能是我人生中的第一次挨揍，经此一役，我再也没主动张口跟家里要零花钱，每次父母亲给我的零花钱我都储存起来，不再"豪购"了。

父亲不善言辞，但对我的教育很上心。他总是对我说：要想出人头地，就要在书中求索。十三岁的我要上初中了，县城的实验初中下来招学生，父亲二话不说就带着我去县城参加考试。我被录取后才知道，实验初中要交七千元才能有入学资格。

七千元对当时的我们家来说是一笔巨资，父亲没有半分迟疑，"砸锅卖铁也要供你上"。七凑八凑，父亲终于凑足了我的学费。十三岁的我收拾了行囊，离开老家新坍镇，奔赴了射阳县城。我在县城读书六年，后又去上海读书七年，每次父亲都不好意思打电话给我，而是让母亲给我打电话。透着话筒，我总会听到他在旁边说钱放心用，不要饿着自己，不够花的话我们就给你寄。

现在回想着：你们的钱都给我了，你们自己也舍不得花、舍不得吃一顿肉、舍不得给自己买新衣服，我总是愧疚不已，心里早已暗下决心：你们的下半辈子，我责无旁贷。养儿方知报娘恩，现在是时候让我来照顾你们了……

时间总是在不经意间流逝了，我的儿子也长这么大了，现在的我又希望时间能过得慢一点，给我的父亲母亲多一点守候、多一点陪伴，陪他们一起吃人间美味、阅人间美景。

人生的丰年与荒年

顾明义

依稀记得,在我很小的时候,爷爷家仓库的角落里,有一个用塑料纸包裹得严严实实的大竹筐,里面是满满当当的一筐子稻谷。爷爷说这是丰年留给荒年的"储备粮",平时说什么也不让动,也只有在每年秋收的时候,才会把上一年的陈稻取出,换上今年的新稻。

其实人的一生,也会经历这样的丰年与荒年。丰年时,财源广进,左右逢源,自然是"仰天大笑出门去,我辈岂是蓬蒿人"的志得意满;荒年时,捉襟见肘,门可罗雀,也会有"抽刀断水水更流,举杯销愁愁更愁"的唏嘘无奈。

人活一辈子,谁都会经历起起落落,好的时候,干什么事都顺风顺水;差的时候,喝口凉水都能塞牙。人生路上起起伏伏涨涨落落,有时遇上些糟心事,也在所难免,并不十分可怕。

真正可怕的,是在你志得意满顺风顺水的时候,误以为在以后的日子里,也会一直这样一帆风顺下去,从来没有想过万一哪一天风向变了,自己会不会从云端坠落。

丰年,贵在自知

常言道:"人贵有自知之明。"当一个人一路顺风顺水,周围都是鲜花和掌声的时候,很容易就会迷失自己,认为这一切都是理所当然的,但往往一个人取得的成就,并不完全取决于他的能力,还有环境、局势、地位等其他因素,甚至仅仅是他的运气比较好而已。

"撞在风口上,猪也能飞起来。"如果一个人的财富和名声远远超过了他的能力和认知,那么这些财富和名声,对他而言将会是一场巨大的灾难。如果不能早作准备,那么风停以后等待他的,将是风光后的漫长下坠。

因此，丰年时，能保持一颗清醒的头脑，收敛光芒，积累沉淀，为荒年留足"储备粮"，这又何尝不是一种生活的智慧？

荒年，贵在自信

与丰年不同，荒年时我们遇到的最大挑战，往往不是困难本身，而是那种从巅峰落到谷底的巨大落差。习惯了巅峰时的风风光光，自然再难以忍受低谷时的无人问津。特别是在一次次摆脱困境的尝试都以失败告终以后，再乐观的人也会沮丧，困惑，都会怀疑自己：是否自己真的一无是处？

所以这时我们需要相信自己，正如罗斯福在20世纪大萧条所说的"信心比黄金还要珍贵。"只有相信自己，我们才能通过自己的努力，扭转局势，反败为胜。但自信不是盲信，保持自信，并不意味着在尝试的过程中一而再再而三地简单重复，而是在坚信自己的基础上，审时度势，充实自己，等待机会，厚积薄发。"Every dog has its day."相信自己，做好自己，机会总会有属于你的一天。

后　　记

其实丰年也好，荒年也罢，最重要的还是要有一颗平常心，明白这世上包括自己在内的芸芸众生，都是平凡人。一帆风顺意气风发的时候，别给自己背上太重的偶像包袱；一时失利失意落魄时，也不必把自己贬低的一无是处。就像《阿甘正传》里阿甘对丹中尉所说的那样"你总得与自己达成和解"，我们得学会与自己的平凡和解，这并不是妥协，而是明白：不执着于"已失去"和"未得到"，才是真正的勇气。

最后也衷心地希望看见这篇文章的你我，在以后的工作和生活中，无论丰年荒年，都能一步一个脚印，走得踏实且从容。

调寄沁园春·悼袁隆平院士

陈之佳

一介布衣,西南学农,
沐雨栉风。
算此生无悔,置身田亩,
阡陌万顷,物产何丰?
矢志陇间,精研三系,
杂交水稻始有终。
功盖世,
拯千里饿殍,当代神农!
饭碗牢端手中,
尚不辞劳苦躬行种,
虽年超耄耋,犹植桃李,
自漠名利,国士尚封。
稻菽伏浪,穗盈苗首,
禾下乘凉梦非空。
安息去,
看九州黎元,恸哭袁公!

使命的传承

徐圆圆

晚上,女儿走到我身旁,问我:"妈妈,我什么时候可以入党啊",我很诧异,才上一年级的女儿想加入中国共产党。我问她为什么有这个想法,女儿很认真地说道,"没有共产党就没有新中国,共产党很伟大,而且你跟外公都是共产党员,我也要做一名共产党员。"看着女儿认真的模样,仿佛看到了当年的自己,因为我也在小的时候,就说过要做一名共产党员。

我想成为一名党员的想法源于我的父亲,我的父亲也是一名党员。印象中,父亲每天都会将党员徽章挂在胸前,"党员徽章是我身份的象征,也时刻提醒我是一名党员。"父亲常说,党员就是为人民服务的。虽然没有轰轰烈烈的事迹,但是父亲也是我心中的优秀党员。

我见过他利用假期为身边的人解决问题,有时顾不上吃饭。父亲从没有抱怨过,他总说,我们现在都不叫吃苦,现在多幸福了,新中国成立了才有如今的生活,多少英雄牺牲才换来今天的幸福生活。这便是父亲作为一名党员的使命吧。自从党史学习教育开展后,已经退休的父亲也去书店买了党史书籍。每天晚上,我都能看到父亲在书房翻着书,还做着笔记,看着父亲的背影,我肃然起敬,这就是一个党员的修养吧。

受父亲的熏陶,我刚上大学,便向党组织递交了入党申请书,在大二时被组织所接纳。当时握紧拳头,在党旗下宣誓的场景还记忆犹新。我入党那天,欣喜地跟父亲汇报,父亲当时说的话我会一直记住,"从今天起,你要以更严格的标准要求自己,做一名优秀的党员,从一名党员到一名优秀的党员还有很长一段路。"

今年是中国共产党成立一百周年。一百年风雨征程,一百年峥嵘岁月稠,回顾党的历史,多少革命烈士英勇牺牲、历尽艰难才创造出如今的幸福生活。南湖上的红船见证了中国共产党一大的召开，一个伟大的政党就此诞生；南昌起义中的一面旗帜见证了如何打响武装反抗国民党反动统治的第一枪，中国共产党坚持把革命进行到底；陕西延安窑洞中的一盏油灯见证了毛泽东等老一辈革命家奋斗的十三个春秋，目睹了民族英雄刘志丹、谢子长如何创立陕北革命根据地；北京天安门城楼见证了毛主席宣告中华人民共和国成立时，中华民族崛起的吼声。现在的我们，目睹着新中国美好的模样。百年党史，是一部"敢教日月换新天"的革命史，更是一部"直挂云帆济沧海"的奋斗史。

古人云：以铜为镜，可以正衣冠；以人为鉴，可以明得失；以史为鉴，可以知兴替。重温历史是对初心的叩问。我毕业后便进入了江苏银行，成为一名金融服务者，如今也工作了 13 年。十几年的工作生涯中，也有过迷茫，但是坚信走过的每一步路都是经历的积累。而作为一名党员，我也应该如无数为党的事业奋斗的英雄一般，如我的父亲一般，立足自己的岗位，不辱使命。

"没有共产党，就没有新中国……"女儿哼着这首慷慨激昂的歌，将我的思绪又拉回来，我告诉女儿，我们现在幸福的生活都是中国共产党带领人民奋斗出来的，想成为一名党员必须要以严格的标准要求自己。"路漫漫其修远兮，吾将上下而求索"，我会肩负自己的使命，也会将这份使命传承下去。

中国,向党而生

陈之佳

谁可曾在意,
微波荡起了怎样的涟漪,
嘉兴湖底却早已波涛澎湃。
谁可曾在乎,
火点能燃起怎样的烈焰,
井冈山上却已是星火燎原。
谁又曾铭记,
加勒万河谷是怎样的静寂,
喀喇昆仑却已是满腔怒火。
如斯,如此。
国士护国,
谁又曾有过丝毫的退缩
壮士许国,
早已是他们口口相传的承诺。
写下他们的故事,
每一次,记住是每一次,
连笔都带上了刺,
生生地扎进了心里。
可又不由得必须握紧这支笔,
因为,
有些故事势必要用血去记录,

这，便是中国的历史。
是的，
我们在意，
我们在乎，
我们铭记，
百年历程。
只因他们，山河无恙，
"清澈的爱，只为中国"
中国，向党而生！

特殊的"生日"

程新蕾

2021年7月1日是一个特殊的日子,伟大的中国共产党建党100周年,举国同庆,而我作为全国9 500多万党员中的一员,也在这一天迎来了自己的"政治生日"。

当天一早,我坐到工位上,工作平台"滴"的一声送来了一条推送。我随即点开,鲜红的电子贺卡上显示"政治生日寄语",上面写着"程新蕾同志,今天是你的政治生日,在这重要的日子里,向你致以诚挚的问候!希望你认真学习贯彻习近平新时代中国特色社会主义思想,牢记入党誓词……永葆共产党员的革命本色。"

正值建党百年,在党史学习教育中我接受了一场宏大的政治洗礼。通过对党史的深入学习,我深深感慨,从苦难走向富强,从落后封闭走向进步开放,多少次枪林弹雨,多少次艰难险阻,我们的先辈为了人民解放、国家独立前赴后继,以不计其数的牺牲,换来了我们今天的美好生活。站在百年后,我们沐浴着新时代的阳光,无不感慨如果没有中国共产党领导,我们的国家、我们的民族不可能取得今天这样的成就。

回望十四年前的今天,作为一名在校大学生,我有幸通过了组织的考验,成为一名光荣的中国共产党党员,在鲜艳的党旗下,我紧握拳头庄严宣誓加入中国共产党,为党的事业奉献自己的热血青春。十四年过去了,初心如磐,不论是在工作还是生活中,我时刻提醒自己牢记入党誓词,不忘自己的党员身份和责任。从柜面一线到后台服务岗位,成长的道路上,我铭记组织的关心、培养与厚爱,将自己的发展进步融入到党的事业中,增强业务本领,强化责任担当,在平凡的工作岗位上,于细微处着手,让工作经验和思想觉悟在实践中得到历练，一路奋进，一路收获。

"新时代的中国青年要以实现中华民族伟大复兴为己任，增强做中国人的志气、骨气、底气，不负时代，不负韶华，不负党和人民的殷切期望！"习近平总书记的讲话从天安门广场穿透神州大地，振聋发聩。百年征程，风华正茂，一代代共产党人高举手中的火把，为我们照亮前进的道路，如今时代将接力棒传到我们手中，我们将承担起实现中华民族伟大复兴中国梦的光荣使命，披荆斩棘，继续前进！

心中有信仰 脚下有力量

陈 娟

我志愿加入中国共产党，

拥护党的纲领，

遵守党的章程，

履行党员义务……

为共产主义奋斗终身，随时准备为党和人民牺牲一切，永不叛党。

百年来，一代又一代优秀的中华儿女在党旗下，立下铮铮誓言，在心中埋下信仰的种子，让它在革命的土壤中生根发芽。

不畏死亡，一名党员就是一位英雄

小时候常听爷爷讲共产党的故事，每每故事结尾，爷爷都会泪眼婆娑地感慨道："没有共产党，就没有今天的幸福生活"。生于和平年代的我，难以理解幸福的不易。爷爷兄弟四人，大爷爷虽为大哥却先天腿脚残疾，三爷爷16岁便入党参加了革命。

血雨腥风的年代，日本鬼子利用伪军扫荡残害共产党，因为腿脚不便，大爷爷躲藏不及，多次被抓，被严刑拷打逼问共产党的下落。出于手足之情，更出于对共产党人的坚定信仰，身体孱弱的大爷爷丝毫没有畏惧，即使遍体鳞伤，也咬紧牙关，只字不说。那时年幼，党在我心中，就是像大爷爷、三爷爷那样的英雄，不畏死亡，勇于革命。

时过境迁，大爷爷早已离世，当93岁高龄的三爷爷用颤颤巍巍的双手接过"庆祝中华人民共和国成立70周年"纪念章时，眼眶湿润了，目光却格外坚定、熠熠闪烁。

不忘历史，一名党员就是一种信仰

"砍头不要紧，只要主义真，杀了夏明翰，还有后来人"。这是共产党人夏明翰在汉口刑场前的就义诗，这种英勇无畏的力量，就是对共产主义的坚定信仰。为了这一信仰，李大钊坚强不屈、方志敏大义凛然，无数共产党人为了信仰，为了追求人民解放，甘愿抛头颅，洒热血。

心有所信，方能行远。信仰就是奋斗方向，勇往直前，毫不畏缩；信仰就是生命，坚如磐石，视死如归。长大后，党在我心中，已不仅仅是一个个英雄和一串串故事，而是一种信仰，我也想成为那样的人。抱着这样的信念，在高考后的夏天，我向党旗庄严宣誓，坚定敬仰已久的红色信仰。

一百多年的中国共产党党史，就是一部坚定的信仰史，中国共产党人因信仰而勇担使命，因信仰为民族谋振兴。今年是中国共产党成立一百周年，百年征程波澜壮阔，百年初心历久弥坚，唯有不忘历史，赓续红色信念，才能砥砺前行；唯有重温党史，汲取革命力量，才能披荆斩棘。

不变初心，一名党员就是一面旗帜

"落其实者思其树，饮其流者怀其源。"我们党的一百年，是矢志践行初心使命的一百年，是筚路蓝缕奠基立业的一百年。重温党史，青年的力量让我颇为震撼。其作始也简，其将毕也必巨。一百年前，中共一大的与会者，平均年龄28岁，谁又能想到，以后改变整个中国面貌的中国共产党，最初就是由这样一代年轻人成立的。

习近平总书记指出，"青年兴则国家兴，青年强则国家强。"青年一代有理想、有本领、有担当，国家就有前途，民族就有希望。一代人有一代人的使命，一代人有一代人的梦想。梦想看似寻常最奇崛，成如容易却艰辛。身处一百年后的今天，恰逢中华民族伟大复兴的重要时期，恰逢银行转型的关键阶段，江苏银行人当起而行之，弘扬旗帜精神，不忘信仰使命，干一行爱一行、钻一行精一行，铭记时代赋予我们的使命和责任，勇做时代前列的奋进者、开拓者、奉献者。数十年如一日的尽忠职守，才会有各个领域的百花齐放，一如营销达人，在业绩榜上赞不绝口的惊叹，在领奖台上熠熠闪光的荣耀，这些最美江苏银行人默默地用汗水不断传递和发扬着银行人的工匠精神和旗帜力量。

习近平总书记在给百岁老战士们的回信中提到，对中国共产党人来说，中国革命历史是最好的教科书，常读常新。今天的幸福生活，是几代人前赴后继，用生命和鲜血换来的。尽管历史离我们远去，但他的精神从来就在我们身边，永远值得我们学习。理想信念就是共产党人精神上的"钙"，路虽远，行则必至，志虽艰，修则必刚。初心不变，步履不停，心中有信仰，脚下有力量，铭记党的光辉历史，珍惜斗争历练的机会，为了理想信念坚持不懈，才能做好新时代的"答卷人"。

红色的信仰

曹敏智

百年前嘉兴南湖边,
一轮红日从东方冉冉升起。
在那红心闪耀的小船上,
诞生了伟大的政党。

在烽火的洗礼中,
在冰与火的考验下,
共产党人红色的信仰,
在神州大地上光芒万丈。

人世间的歌声流淌,
是人民当家作主的千年吟唱。
在暴风雨中闪烁的是,
共产党人胸膛激荡的炙热信仰。

坚守着红色信仰,
共产党人一往无前,
推翻了压在人民身上的三座大山,
迎来了新中国的旗帜飘扬。

顺应改革开放的浪潮,
共产党人践行着初心使命,

用实干与创新描绘新时代的未来,
新中国的每个黎明都散发出清香。

传承红色信仰,
创造着一个又一个人间奇迹。
巍巍华夏愈发耀眼夺目,
璀璨的流星划过了逐梦的东方。

听党话 跟党走

杨季萍

中国共产党,多么亲切而又伟大的名字!多少党员用忠魂簇拥了血染的党旗,用生命铸就了辉煌的丰碑。

认识党

我最早认识的共产党员是我曾祖母讲述的英雄人物杨学富。1942年冬,日伪军对盐阜区进行大规模的"扫荡""清剿",在秦南仓、古殿堡等地设立据点,妄图"伪化"全区。杨学富在艰苦激烈的游击环境中,同敌、伪、顽三股势力进行了针锋相对的斗争。

1946年12月7日晨,国民党军队企图插进横塘区心脏地带进行骚扰。杨学富带领部分民兵至北牛桥监视敌人,掩护群众向时杨庄西、袁家沟等地疏散。下午2时,敌军抵达时杨庄北,杨学富指挥民兵阻击敌人,战斗持续十多分钟后,因寡不敌众向西北方向转移,到达五青舍时,不幸被俘。

敌人用刺刀逼他交出武器和党员名单,杨学富愤怒回答:"要枪没有!要党员,只有我一个!"残暴的敌人一刀刺进他的胸膛,他不顾剧痛,大声说:"蒋军必败,我军必胜!"敌人又刺他多刀,他怒瞪双目,高呼:"中国共产党万岁!"当即牺牲,时年29岁。每每讲到这处,曾祖母总是噙着泪花说,我们学富人民的幸福生活是学富同志用命换来的!

感恩党

后来上学,我从书本上认识了舍身炸碉堡的董存瑞、烈火烧身岿然不动的邱少云、用胸膛堵枪眼的黄继光等等。我被他们的故事感动,不知不觉地爱上了中国共产党,深深地感恩中国共产党。

每当读到中国近代历史，面对那段艰苦卓绝的抗战历史，想想都不寒而栗。自从 1931 年，日军在东北发动"九一八事变"起开始侵华战争，1937 年七七事变掀开了日军全面侵华的序幕，直到 1945 年 8 月 15 日，裕仁宣布日本无条件投降，9 月 12 日正式签订投降协议，自此日本侵华战争结束，前后共计十四年。

日本帝国主义侵略者在中国完全失去了人性，成为野蛮粗暴、无恶不作的野兽，他们烧杀抢掠强奸，累累罪行罄竹难书，残暴手段无以复加。他们杀害我国同胞的手段多达百种以上，无所不用其极，可谓集古今中外残酷杀人手段之大全。每当看着我孩子熟睡的容颜，回想到电影中残害婴儿的画面，我心里都默默地感恩党，感恩党让我们不必担心战火连绵，不用忧心居无定所，让我们的孩子能够平安快乐地成长，让我们的父母能够安享天伦之乐。

跟党走

91 岁的申纪兰生前曾说过："我虽然年龄大了，但还能做一些事情，党需要我，我就要一直干下去，听党话、跟党走，是我一辈子的承诺。"2012 年 12 月份，我终于如愿以偿地加入中国共产党，我知道我今后的一言一行都将代表着中国共产党。作为一名青年共产党员，必须有理想、有本领、有担当。梦想从学习开始，事业靠本领成就。

如今，虽然从事数据统计、调研分析、报表报送工作，忙忙碌碌，兢兢业业，加班加点，不闻风风火火的事迹，不见熠熠生辉的功绩，但我坚信，只要低下头、沉下心干好手边之事，梦想的花朵照样可以在平凡岗位绚丽绽放。我要将"乏味"做到"有味"，将"琐碎"做成"系统"，聚沙成塔，日积月累，坚信辛勤的劳动一定可以积累成人生宝贵的财富。

我以我是一名党员而自豪，我以我是一名江苏银行人而自豪，我要用我的劳动为江苏银行做出自己应有的贡献，践行跟党走的诺言！

守 岛 人

吴　凡

　　爷爷今年八十五岁高龄，党龄六十七年，父亲今年刚入花甲之年，党龄四十年。两人的党龄加起来，百岁有余。

　　父亲年幼时不爱念书，成天想着逃学。爷爷拿着自己打的四角板凳，从校门口追到村东头姥爷的小卖部。小卖部里坐着彼时年幼的母亲正在看书，爷爷一眼瞥见了，心头更气，想着，再逃学，打折这小子的腿儿。

　　父亲的腿终究是没有被"狠心"的爷爷打折，倒是四角板凳老旧得断了腿。打着，追着，追着，打着，父亲走进了武装部，在参军书上一笔一画地写上了自己的名字，爷爷这回傻了眼。很快，父亲胸戴大红花敲锣打鼓地坐上了南下的船，从此在海岛开始了自己的军旅生涯。在那之后，爷爷又打了几个新的四角板凳，三叔、四叔慑服于板凳的四腿"威力"，终是没能像父亲一样远行。

　　父亲的部队驻扎在舟山群岛中的一座小岛上，岛的四周是一望无际的大海和连成片的岛屿群。岛上物资匮乏，淡水补给靠军舰和渔船从内陆运送。每周放送淡水。一到放水日，父亲必须一刻不停地开着水龙头，直到蓄满那深深的一缸水，这就是一周的用水，万不能浪费一滴。

　　岛上的日子是无趣的，部队俱乐部经常组织大家拉大幕放电影，凭着一手好字，父亲在部队里经常帮着俱乐部出板报，写每月的报刊文章。很快父亲便在教导员的推荐下入了党。父亲将入党的事情写信告诉了爷爷，并随信寄去了一张胸带党员徽章、身着军装的一寸照片。身为村党支部书记的爷爷收到信后很是高兴，他将信纸仔仔细细抹平，再工工整整地同照片一起压在了房间书桌的玻璃台板下。

　　父亲每月都要出海，一去就是大半个月，通信全无。每次回来父亲总要黑上一大圈，瘦上一大圈。他总说，回来吃啥也不吃鱼了。

眼下这七八月份就是岛上最难熬的"台风天"，多数时间岛上风雨交加，远处的海平面上，海浪凶猛地翻滚着，和下着雨的天连成一片，若是黑夜，看一眼便足以绝望地让人窒息。

我是出生两个月时和母亲一同上的岛。彼时年幼，不知孤寂，岛上净是些足以玩乐的野趣，爬树、赶海好不热闹。乃至大些时候，父亲母亲开始商量，要带我回老家，因岛上的教育资源匮乏，我终究是耽误不起的。于是父亲写好了转业申请书，去政委办公室请愿。政委听明父亲的来意后，只是从抽屉里又拿出了两个信封放在了桌上，"他们也是申请转业的，家中也是真的困难，你是党员……你先把申请书留下，我们开会再讨论一下"。父亲没有留下申请书，扭头走了。

回去后，父亲就给爷爷写了封信，内容如下："父亲安好，儿为党员，本不该主动请归，且掌上珠年尚幼，可暂缓归家。"没多久，爷爷也回了信，"儿安好，父亦党员，可暂缓归家，家中一切安好，望儿安心守家。"往来书信，寥寥数语。等归来时，已流转了17年的光阴。

父亲守望的岛在祖国的东海上，守望岛的父亲是祖国大地上千千万万个党员中最普通的一员。也正是这千千万万个普通如父亲的党员们，才有了这18 000多公里海岸线的风平浪静，才有了这960多万平方公里国土的安宁。

我永远都会记得登船离岛的那一天，一身白色军装的父亲站在甲板上，他的背挺得直直的，双手轻握着栏杆，头微微朝向东方，阳光轻轻地抚过他的胸膛，胸前那一枚金色的党员徽章在阳光的照耀下，闪闪发光……

以勇士之心　绽放芳华

周　珃

百年征程波澜壮阔，百年初心历久弥坚。度过百年的日子，原本很长很长；跨越百年的时光，却又很短很短。翻开一阕阕深长的党史画卷，那些饱含诗意的感悟在脑海中跳跃。

回望党史，从嘉兴南湖上的红船，到"星星之火，可以燎原"的井冈山，再到"唤起工农千百万"的苏区革命；从长征精神、延安精神，到习近平总书记在庆祝中国共产党成立100周年大会上提出的伟大建党精神，是无数中国共产党人断头流血以从之、勇往奋进以赴之、殚精竭虑以成之的奋斗史。从夏明翰的"砍头不要紧，只要主义真"慷慨就义，到孔繁森扎根西北，真情倾注雪域高原，从一个个小乡村的脱贫攻坚再到前赴后继抗"疫"的一座城市，无数优秀共产党员抛头颅洒热血，用青春镌刻理想和信念，以生命谱写初心和使命。

一百年里充满了摸爬滚打的印记。土地改革、社会主义革命、改革开放、双循环格局，一步步夯实着共和国经济基础，提升着中国在世界经济发展中举足轻重的地位。一百年恰是风华正茂，国之重器上天入海，中国力量令世界惊叹。中国共产党的一百年是在苦难中收获成长，在奋斗中迎来辉煌的一百年。

我想，学史明理，就是要明白只有马克思列宁主义能够救中国，只有中国共产党才能救中国；学史增信，就是要坚持"四个自信"，做到"两个维护"；学史崇德，就是要崇尚全心全意为人民服务之大德，为中国人民谋幸福之大道；学史力行，就是要担当起为中华民族谋复兴的历史重任。

一代人有一代人的责任，一代人有一代人的担当。我们生在和平年代，置身发展新时代，有幸成为中华民族伟大复兴的亲历者、见证者。村看村，户看户，群众看干部。作为基层支行的领头雁，我始终将助推我行高质量发展添砖加瓦作为我的使命，以身作则，提高政治站位，坚定政治方向，深入贯彻总行"五争两工程"的战略部署。在支行中，时刻传递正能量，带领能打善战的团队，为大胆创新者壮胆，为勇于探索的员工鼓劲。真正践行"孺子牛""拓荒牛""老黄牛"的"三牛"精神，跳出支行看支行，立足当前看未来。

今天重温党史，就是为了感悟初心。在百年历史回望中，感悟革命理想高于天，感悟中国共产党人"人民就是江山、江山就是人民"的高尚情怀。同时，也使得我年少时的宏愿变得日渐清晰：我要加入中国共产党。怀揣着这样的红心，于建党 100 周年来临之前我郑重地向党组织递交了入党申请书，誓与党和祖国共成长、同奋进。

站在"两个一百年"历史交汇点，作为新时代的江苏银行奋斗者，勇立潮头，方显担当。我将努力与时代同步伐，在平凡的岗位中找到自己的坚守，让初心扎根内心，把使命融入生命，以勇士之心绽放人生芳华！

百年恰是风华正茂

程新蕾

将历史倒推一百年，我们将见到什么样的光景？我不敢想象，兵荒马乱、民不聊生或许都不足以形容，但庆幸的是有那么一群人在这国力凋敝、民众积弱的时代率先醒来，发出振聋发聩的吼声。

近日，我抽出闲暇把前段时间网上大热的革命历史题材电视剧《觉醒年代》看了一遍，剧已结束，但那些历史、那些人物总在心中不时浮现，良久回味。荧幕上那一个个胸怀理想的英气少年、满腔热血的仁人志士，仿佛带我们穿越回那个充满坎坷，同时也充满了光明与智慧的年代。

20世纪初，陈独秀在上海创办《新青年》，无数文人志士在这里碰撞出思想的火花。新文化运动悄然开始，以高举民主与科学的旗帜，猛烈冲击着封建专制制度和封建思想文化，促进了中国人民特别是知识青年的觉醒，为马克思主义在中国的传播创造了条件，为中华民族培养了一大批关心国事、图存图强的有为青年。他们冲锋在前，力挽狂澜，扶大厦之将倾，在广袤的中国大地上洒下共产主义的火种，以摧枯拉朽之势，气势磅礴之力，为天地立心，为生民立命，闯出了一条救国救民、振兴中华的道路。他们，是中国的脊梁。

剧中，我对人血馒头骇人一幕惊诧不已，对丧权辱国的"二十一条"握拳愤慨，对陈乔年和陈延年的坦然赴死肃然起敬，我也被冒雨在慌乱人群中逆行的毛泽东，被雨中分别的李大钊和赵纫兰，被在大雪中相拥的陈独秀和蔡元培深深感动，热泪盈眶。那一幕幕悲壮又艰难的历史，那一个个鲜活又生动的人物，总是让人至今想起都忍不住泪流满面。

剧中，李大钊问陈独秀想要建立一个什么样的党，为什么要建这个政党。他回答，我们要建立一个用马克思学说武装起来的先进政党，一个可以把中国引向光明、让中国人能够过上好日子的无产阶级的政党，为了中国人民能够像人一样活着，为了他们能够拥有人的权利、人的快乐、人的尊严。

我想这或许就是对我们党的初心和使命的最好诠释，我明白了为什么我们要学习党史，要深入了解中国近代史、中国革命史，我了解了为什么我们总是在一个个充满纪念意义的日子里，深深怀念追忆，因为只有看清历史，才能珍惜现在，放眼未来，才能更加坚定自己脚下的路该怎么走。

站在两个一百年的历史交汇点，我们沐浴着新时代的阳光，无不感慨如果没有中国共产党领导，我们的国家、我们的民族不可能取得今天这样的成就。百年征程，风华正茂，历史仍在续写。

"《觉醒年代》有续集吗？"

"你现在的幸福生活就是续集。"

针对网友的提问有人如是回答。

从学深悟透中激扬奋勇向前的力量

王德志

百年党史，沉淀记忆。一路走来，时间见证了华夏的沧桑巨变，镌刻下深深的时代印记。在党史学习教育中，且随党史一起穿越风云、激扬力量……回溯既往，哪里有什么岁月静好，只不过是革命烈士为我们负重前行。任何追逐梦想的道路，没有一条是平坦的，只有那些不畏艰难沿着陡峭山路攀登的人，才有可能到达光辉的顶点！越往深处学，越会感受到心灵的温暖和生命的感动。

波澜壮阔的中国革命阅尽了共产党人历久弥坚的气魄。我们不会忘记，那些数百年来为中华民族崛起而斗争的英勇先烈们。他们用自己的鲜血，用宝贵的生命换来了抗日战争和解放战争的最后胜利，换来了我们现在的安居乐业；历史不会忘记，那飘扬着的五星红旗，就是英烈们用热血浸染而成的。

立足今天，放眼未来，要倍加珍惜当下的学习机会，倍加珍惜来之不易的发展环境，倍加珍惜我们的幸福生活。在服务小微企业的岗位上，我将不断坚定对党的信念，把爱国之情、报国之志融入到勇于创新、锐意进取的实际行动中，融入到服务民营小微、服务乡村振兴的日常工作中，努力做到哪里有企业复工复产，哪里就有江苏银行人冲锋陷阵的身影；哪里有三农稳产保供，哪里就有小微人用脚步丈量大地的担当。

学好党史，涵养忠诚之心。"天下至德，莫大于忠"。对党忠诚是第一位的政治品德，是检验党员先进性和纯洁性的度量衡。无论是革命战争年代还是脱贫攻坚的和平时期，千千万万颗绝对忠诚之心，他们以生命赴使命，兑现了对党和人民的庄严承诺，以生命铸就忠诚之碑。当下，我们从"七一"党课中，读到了什么叫"革命理想大于天"的坚定信仰；从瞻仰三仓新四军烈士墓志铭的哲思中，读到了什么叫"苟利国家生死以"的革命意志；从参观周恩来纪念馆的过程中，读到了什么叫"只留清气满乾坤"的真理力量；从党史讲座的谆谆教诲中，读到了真理的味道非常甜，榜样的力量非常大，奋斗的路上非常美。

学习党史，无时无刻不在感受革命英烈的爱国情怀和精神力量，无时无刻不在感受着英烈们创造历史的澎湃势能。历史前进的每一步，都需要精神的涵养；风雨无阻的每一程，都饱含精神的磨炼。作为新时代的共产党员，我们要永葆赤子之心，激扬无惧风浪奋勇向前的强大精神力量，每个人前进的脚步，终将汇聚为中华民族伟大复兴的壮阔征程。

践行党史，牢记嘱托之语。百年征程浩荡，百年初心如磐，我们要时刻牢记"征途漫漫，惟有奋斗"的时代嘱托。今天，我们接过历史的接力棒，把学习党史的点滴记忆收藏心中。我们带着使命，带着责任，带着嘱托，深化实践认知，在实践中寻求新知，把这次党史学习教育所学所获在"服务民营小微"中砥砺"能干事"的品格，在"服务乡村振兴"中锤炼"干成事"的本领。把真知转变成真绩、把灼见演绎成卓越，努力创造"重点工作出精品、难点工作求突破、特色工作创亮点"的业绩，书写无愧于时代、无愧于组织、无愧于自己的华彩乐章。

啄壳而出，搏击长空

——电影《长津湖》观后感

陈亚红

国庆假期里观看了电影《长津湖》，全程高燃，代入感十足，在这部近三个小时史诗般的电影中，战争的惨烈场面让人震撼，军人那种家国情怀和责任担当令人敬佩。走出电影院，许多观众由衷地感慨：战争太残酷了，希望以后永远不要有战争。

电影讲述的是抗美援朝战争中某部穿插尖刀连参加长津湖战役的过程，展现了志愿军炽烈的爱国情怀，以及对党和人民的无比忠诚。在交战双方力量如此悬殊的情况下，我们最可爱的人在极度严寒的冰天雪地里，克服补给不足、敌人封锁、无制空权等诸多困难，靠着坚强的意志、必胜的信念和大无畏的英雄气概，硬是打败了美军的王牌部队，书写了惊天地、泣鬼神的雄壮史诗，创造了以弱胜强、以劣胜优的战争奇迹。出生入死的英勇战士们用鲜血和生命换来了今天的山河无恙、家国安宁，实现了"打得一拳开，免得百拳来"铮铮誓言。

《长津湖》拍出了中国人的精气神，拍出了中国军人的智慧、胆识和血性。带着老大的骨灰、刚从战场上回家休假准备给父母翻盖新房的连长伍千里，突然接到立即归队的命令。已经复员的指导员梅生长途骑车与集结北上的队伍顺利会合，他说出了志愿军战士的心声：这场仗如果我们不打，就是我们的下一代要打。还有抱着炸药包冲进敌群与敌人同归于尽、用生命保住阵地的泰州籍英雄杨根思，一个个鲜活的人物，使这部宏大主题的电影既有思想性，又有艺术性、观赏性。

电影里有一句台词让人印象深刻，就是雷爹对伍万里说的那句话：一个蛋从外面被敲开，注定被吃掉；你要是能从里面自己啄开，没准儿是只鹰！伍万里是连长伍千里的弟弟，时年才 19 岁，还是一个顽皮的毛头小伙子，对战争懵懂而又无知，悄悄跟随哥哥来到部队，他想打仗的理由很朴素：不希望被你们瞧不起。他在战场上得到锤炼，是一个从无到有成为硬汉的形象。从为国捐躯的老大伍百里，到身经百战的连长伍千里，再到迅速成长的弟弟伍万里，也喻示着一种红色基因的传承和革命精神的延续。

我想，这位年幼的伍万里，不正像刚成立不久的新中国吗？那时百废待兴，怕被别人瞧不起，抗美援朝这场战役，就是要证明，我们不是那任人宰割被人吃掉的蛋，我们就是要从里面自己啄开，走出去跟对方干上一仗，成为一只搏击长空的雄鹰。

影片最后还有一个"破防"无数人的镜头，就是美军在撤退的时候，发现前面有一个连在埋伏，走近一看，战士们已全部冻死，成了冰雕连。美军将领由衷惊叹：人家抱着必胜的欲望，我们是打不赢的。

哪有什么岁月静好，只不过是先辈们为我们打下了江山，保卫了家园。我们并不是生活在一个没有战争的年代，只是有幸生在一个和平的国家。生逢盛世，当不负盛世。沐浴着和平的阳光，我们定当不辜负那些为了和平而牺牲的先烈们，用担当与职责书写新时代的奋斗华章。

倡 廉 说

杨季萍

贪如水，遏防溺。
欲如火，禁防焚。
公生明，偏生暗。
廉而威，勤而俭。

朗如日月，清若水镜。
心如铁石，气若风云。
在上不骄，在下不谄。
见势不趋，见威不惕。

明月无私照，落日有余辉。
源洁则流清，形端则影直。
身正则刚直，行正则威严。
廉慎传家政，流芳合古今。

热不歇恶木阴，渴不饮盗泉水。
宁可清贫自乐，不愿浊富多忧。
廉洁源于自律，堕落始于贪婪。
不怕法律无情，就怕自身不正。

鱼为诱饵而吞钩，人为贪婪而落网。
青丝要知廉洁早，莫待入狱愁白头。
两袖清风朝天去，免得间阎话短长。
粉身碎骨浑不怕，要留清白在人间。

成为像外公一样的人

刘 丹

我的外公是一位抗美援朝老兵,是把红色基因深深刻进骨子里的共产党员。在我的记忆里,外公的抽屉里有个铁盒子,里面放着他的退伍证和厚厚的奖状。外公家一进门的墙上有个相框,里面放着一张张小小的黑白照,唯一的一张彩色照是外公着军装照的。照片中的外公面色红润、意气风发,头戴军帽,帽子上的五角星格外鲜红。

小时候,我最开心的事情就是坐在外公身边,听他滔滔不绝地讲英雄的故事。外公时而爽朗大笑,时而低头叹息。年幼的我似懂非懂,却也为之着迷。多年后,我终于明白那些不可磨灭的回忆里承载的力量,这些记忆也将影响我的一生。

在我们响水大地上有很多英雄的传奇故事。响水境内有十多个以革命烈士命名的村居,恩覃村就离外公家所在的拐圩村不远,是以烈士吕恩覃命名的村子。外公说,在日本鬼子对响水地区进行大扫荡时,吕恩覃带领军民挖战壕、破公路、捉汉奸、打游击,深得广大人民群众的爱戴和拥护。后来,他为了保卫祖国,舍下妻儿参加了中国人民解放军。再后来,他参加了抗美援朝战争,英勇杀敌,最后牺牲在了朝鲜战场。

外公讲得绘声绘色,我听得热血沸腾。外公还经常给我讲李春华的故事,她小的时候就很机灵,经常帮着大人们站岗放哨。后来在家人的鼓励和支持下,十五岁的李春华去参了军。因为机智勇敢、能力突出,她很快就成了指导员。在一次执行任务时,他们遇到了几个骑着自行车进村抢劫的日本兵。经过一段时间的观察,李春华觉得时机成熟,带领两名战友打响了战斗。日本兵毫无准备,吓得落荒而逃,连车都不要了。于是李春华骑着自行车回到了部队。后来,她用这辆车送子弹、送粮食、拉伤员。她战斗到哪里,就把车带到哪里。在盐城新四军纪念馆成立的时候,李春华毫不犹豫地把这辆自行车捐给了纪念馆。据说,后来有日本人来参观纪念馆的时候通过车上的编号认出了这辆车就是他当年丢弃的那辆。他想用最好的汽车来换回这辆自行车却遭到了拒绝。李春华义正词严地说："这是战利品，是日军侵华的罪证，给再好的轿车我们都不换！"

退伍后的外公，很长一段时间都在村里担任村干部。在村民的眼中他是能干明理、公正无私的人。他带领村民挑河垦荒，建设农村。外公担任村支书时从未有过半分私心，好事总是先想着他人。当时供销社招收职工，村里只有一个指标。我的二姨符合条件，也到了迫切需要工作的年纪，但外公还是推荐了家庭条件更为困难的人。就这样，二姨一直在家和外公下地劳动，成了家里的重要劳动力。正是因为这份公正无私，外公在村里的威望很高，谁家有邻里纠纷，只要外公到场调解，最终都能化解。

后来，村里搞起了联产承包责任制，外公带领十几户人家承包河滩，种植庄稼和果树。虽已不再年轻，但外公的干劲不减当年。勤劳能干的外公总是把庄稼和果园伺候得头头是道。连过往的路人都夸："这家的桃子长得真漂亮！"听到人家的夸奖，我心里也美滋滋的，为我的外公真能干感到自豪。

外公不但勤劳还好学，我还记得邮递员叔叔送来的包裹里不是各种农业杂志，就是各种树苗。不同的果树在不同季节采取芽接还是枝接，外公都了然于心。闲暇之余，他还主动上门指导其他农户。收获的季节，他带着大家到各个乡镇赶集售卖。沉甸甸的车架，满载丰收的喜悦。外公为村民服务的干劲和热情，一直影响着我，那时，我就在心里对自己说：我要成为像外公一样的人。

2009年7月，我从学校一毕业就选择回家就业，不为别的，就为这股思乡爱家的情结。无论我身在哪里，记忆里的小村庄总让我魂牵梦萦。我希望家乡好，希望自己为家乡的好做出贡献。2019年，我如愿和外公一样正式成为了一名中国共产党党员。我很高兴，把这当作人生的新起点，想起外公的话："多做事，能吃亏，对得起良心，心中无愧到哪里都底气十足！"

光阴似箭，我已经在工作岗位上走过了十几个年头。这些年里，我始终受着外公的影响，也一直牢记着他对我的教诲。我的脑海中常常会想起外公的点点滴滴，想起他每天准时守在收音机前收听新闻时边听边记录的样子；想起他背着手巡视果园的样子；想起他推着几百斤西瓜艰难上坡、汗流浃背的样子……有人说，工作不用这么拼吧，后台部门辛辛苦苦，却又难出成果。我知道，任何一份工作都是始于辛劳归于平淡，但我更愿意像外公一样，永远怀着一腔干劲和热情，坚守在自己平凡的岗位上。工作的这些年里，我的年龄在变、岗位在变，我的心态也在变，但不变的是我将始终坚守初心，做一个像外公一样的人。

100 年后的回眸

于 军

"我还是从前那个少年,初心从未有改变,百年只不过是考验,美好生活目标不断实现。"人民日报新媒体推出的建党百年主题MV《少年》,一经播出就受到热捧。伴随优美的旋律,穿行在历史长河,用鲜血、泪水、勇气和智慧铸就的百年党史闪烁着耀眼的光辉。今年,在总分行党委的带领下,从开展原著研读、专题讲座、支部讨论、社区共建,到参观红色基地、"跟着名家学党史"、"采访前辈悟党史"等系列党史学习教育,让我不断明晰奋勇前进的方向、增强应对风险的智慧、提升攻坚克难的勇气。

回眸百年,我想说:一部党史,一道光芒。我们党的历史,就是一部不断推进马克思主义中国化的历史,就是一部不断推进理论创新、进行理论创造的历史。中国共产党历经百年,是从苦难中走来、在挫折中探寻、在摸索中前进的百年,是在奋进中开创新局、复兴中赢得未来的百年。

从"问苍茫大地,谁主沉浮"到"天翻地覆慨而慷",从"发展才是硬道理"到"江山就是人民,人民就是江山",我们可以看到一幅幅恢宏磅礴的历史画卷,看到老一辈革命家、无数的共产党人勇于实践、勇于担当的初心情怀。无数事实证明,中国共产党的奋斗历史,是一部全心全意为人民服务的历史。今天,我们学习和铭记党的历史,就是要更加坚定地走自己的路,以史为鉴、开创未来;就是要从党的历史中汲取智慧和力量,以史为镜、以史明志;就是要以历史的、发展的眼光辩证把握时代主题,始终扎根在初心上、成长于使命中、绽放于新时代。

回眸百年,我想说:一颗初心,一生承诺。前不久,女儿推荐了一部电视剧《觉醒年代》,支部共建时观看了一部电影《悬崖之上》。"一剧一影"都以精准的历史细节、崇高的精神品质及深刻的人文关怀向我们展示了先烈们为了国家和民族甘于奉献的伟大精神。

2021年5月22日，一个极其普通的周末，却让无数人感到悲痛和惋惜。91岁高龄的"杂交水稻之父"，"共和国勋章"获得者袁隆平院士永远离开了我们。袁老带给这个世界的，除了人类的温饱，还有精神的富裕。袁老说，他有两个梦，一个是禾下乘凉梦，一个是杂交水稻覆盖全球梦。中华民族之所以伟大，正是有一代又一代的国之栋梁，引领着无数平凡的生命，为实现中华民族伟大复兴的中国梦而拼搏奋斗。

共产党人的初心和使命就是为中国人民谋幸福，为中华民族谋复兴。前不久，我带领支部党员看望老革命家周锦标爷爷。95岁高龄的周爷爷入党已72年，先后参加过抗日战争、解放战争，在那枪林弹雨的日子里，他总是带头冲锋陷阵。这些年，他一直牢记："共产党员就要始终冲在前！"

周爷爷一生中最为自豪和骄傲的时刻，就是在担任南昌舰机电长期间，军舰接受了毛主席的检阅。聆听周爷爷讲述他的亲身经历，让在座的全体党员再一次深刻感悟"铁军精神"，汲取红色养分，激发我们勇担时代重任，争做优秀党员的使命感和责任感。

回眸百年，我想说：一个支部，一座堡垒。在新时代接续奋斗中，党史就是最好的教科书。作为安防管理和后勤保障部门，分行保卫部（行政部）党支部在党史学习教育中，始终聚焦工作重心，立足全局谋划，坚持在解决难点事项、处理棘手问题、化解主要矛盾中去深化、去检视、去争优。

在围绕"如何做人、为谁服务、怎样争先"这些基本问题上，经常审视自己、反省自己，不断打扫思想上的"灰尘"。我始终认为，只有服务之心沉下去，党风和作风才能实起来，只有问题找得实，解决症结才会更精准。行保工作事无巨细，责任心强，工作中难免会遇到困难。类似这样的问题，背后或许有客观原因，但决不能坐视不管、畏首畏尾，要敢于担当，善于作为，以党史学习教育为契机，不断讲好行保故事、传递行保正能量。始终把为员工办实事、管理求质效、工作再突破作为我们的目标追求，通过我们自身的努力，不负总分行党委的信任和员工的期盼。

"不是要你到历史中去采摘耀眼的花朵，应该去获取熔岩一般运行奔腾的地火。"金一南教授在《苦难辉煌》中的一句话或许能给我们带来更多深远的思考。

回眸百年，今天我想说：100年，正青春。理想照耀中国，我们就此再出发。

毕棚沟秋色（一）

——赵真摄

毕棚沟秋色（二）

——赵真 摄

毕棚沟秋色（三）

——赵真摄

毕棚沟秋色（四）

——赵真摄

池畔虾鱼图——陈拥军作

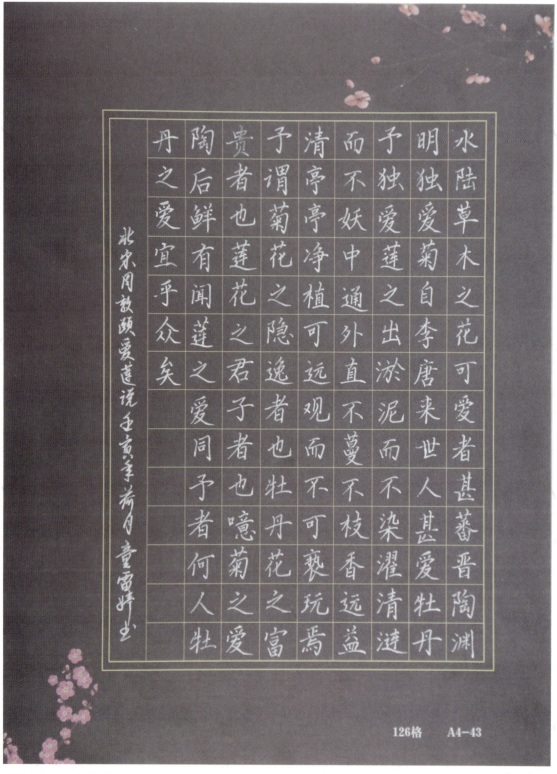

爱莲说——童雷婷作

北国风光——邓琳琳摄

彩叶交织，如火流金——赵真 摄

我听爷爷说

路柏华

爷爷小的时候不慎弄残了腿脚，由于没钱治疗，腿疾越来越严重，最终丧失了体力劳动的能力。在少年的风雨岁月里，爷爷不仅腿脚不便，他年轻的父母也相隔三年先后离世，家里留下了他和大他三岁的姐姐以及小他六岁的弟弟。姐弟三人就像一根藤上的三个苦瓜，在瑟瑟的寒风里相依为命。

这样一个悲苦的少年，在八十多年的人生旅程里，又是怎样开出幸福之花结出幸福之果的呢？

"岁月遥远，往事依稀，回忆少年的我，

记不得爷的亲，记不得娘的亲，只记得党的亲！"

爷爷的父母去世后，姐弟三人住在土改时分的两间又破又漏的草屋里。下雨了，屋里漏雨；刮风了，墙壁钻风。往往在这时候，村里就会有人来帮忙，苫屋，泥墙，让姐弟有个安身之处。

到了天寒地冻的冬天，村里怕冻着他们，就让兄弟二人住到牛屋里，帮公家养牛，安排力所能及的劳动，既让他们自食其力，又避免了冻饿之苦。三年严重困难时期，村里安排初小毕业的爷爷当了食堂的事务长。兄弟俩吃在食堂，住在食堂，平安度过了那段艰苦的岁月。

爷爷说："我幼年残疾，少年失亲，这是非常不幸的；可是，我又是非常幸运的，我得到了党和政府无微不至的关心和爱护。回忆少年的我，记不得爷的亲，记不得娘的亲，只记得党的亲。"

"我是一个残疾人，但能够像正常人那样工作生活，

成家立业，挺直腰杆过日子，靠的就是党的恩惠！"

20世纪70年代，镇农具社在爷爷的老家办了一个营销点。村里推荐爷爷当了这个营销点的会计，过上了拿工资的日子。虽然工资水平不高，但也能像别

人一样承担起养家糊口的责任。

几年后,这个营销点又撤并到镇上,爷爷就跟着来到镇农具社上班。由于爷爷对工作认真负责,农具社的厂长亲自到镇上找领导,帮他办理了手续,成为一名在编的大集体职工。

这一干就是三十多年。在这些平凡的日子里,他的三个子女读了书,就了业,成了家,生活越过越红火,日子越过越甜蜜。爷爷常说,"我是一个残疾人,但能够像正常人那样工作生活,成家立业,挺直腰杆过日子,靠的是党的恩惠。"

"我们这个家呀,现在人丁兴旺,

四世同堂,用有余钱,吃有余粮,

不是我的本事大,而是托共产党的福啊!"

现在,我要说说我们家现在的情况:爷爷退休已经二十年,退休金涨到了每月三千多元;我们这个大家庭,包含三个小家庭,四代人总人口达到十八人,孙子辈中有四人大学本科毕业,均有稳定的工作,现在家家有车有房,生活幸福安康。

爷爷奶奶虽然住在乡下,但老房子经过装修,焕然一新,有电有水,卫浴齐全,住得宽敞舒心。2021年,爷爷过八十大寿,二爷爷题写了一副门联:"八秩华龄居有德,四世同堂乐未央。"爷爷抚摸着他的重孙,看着鲜红的门联,深情地说:"我们这个家呀,现在人丁兴旺,四世同堂,用有余钱,吃有余粮,不是我的本事大,而是托共产党的福啊!"

每次听爷爷说,我总是被震撼着,被感动着,被激励着。爷爷有一颗感恩的心、有一颗金子般的心,那是因为他曾经的经历,曾经的感动。而我们,新时代的青年,也同样沐浴着党的阳光雨露,感受着时代的发展进步,分享着改革开放的甜蜜幸福,我们就更应该传承和弘扬老一辈人的爱国之心,爱党之情,听党话,跟党走,争做有志青年,有为青年,有爱青年,展示出当代青年积极向上奋发有为的时代风采,让激情飞扬,让青春闪光,让新星灿烂,让未来辉煌!

新年礼物

陶 冶

2020 年底，朋友说给我准备了一份新年礼物，而且这份新年礼物每年都可以送，让我猜这份礼物是何物。可任我怎么猜都没有猜中，直至收到快递拆开包裹才揭开谜底，这份每年都可以送的新年礼物是日历。

如今 2021 年即将过去，厚厚的日历已翻过三百多页。回忆日历上的点点滴滴，往昔历历在目。看着日历上记录着密密麻麻的论文写作和修改计划，那些熬过的日日夜夜终于在夏天收获成果。

也是在这个夏天，我和许久未见的同学们来了一场说走就走的旅行。我们在地图上圈出各自所在的城市，选择一个距离都接近的城市作为目的地。在那个被唤起青春热血的日历上，画满了各种出行路线。

继续翻日历，我发现某一段连续二十多日都没有任何记录，干干净净，仿佛那是一段被人遗忘或是不想被记忆的日子。那段时间，生活似乎进入了一个机械的循环状态，对未来充满迷茫。

人生就如同翻阅的日历，其中有奋斗的目标，有努力的痕迹，有满怀期待的计划，有如水的平淡，亦有深沉的低谷。起起伏伏是人生常态。终于，我又翻回到了今日，捻起剩余的一张日历，心中五味杂陈，仿佛 2021 年在此时此刻不再是未经之时，而是被我紧紧挽留，不愿从手中划过。

此时，一声清脆的短信声吸引了我的注意，"您的 2022 年日历显示已送达，请及时领取！"每年都可以送的新年礼物再次如期而至。刹那间，我意识到 2022 年没有丝毫停顿地来了，也记起朋友的那句新年祝福："未来的一年，成为更好的自己，共勉！"

人在回忆过去时总是情不自禁地陷入其中，怅然若失只会让时间溜得更快，而我们所能做的就是面向未来，将所有的可能性留给更加努力的自己。

尘封翻过的日历，把未来的日子置于桌面最显眼的地方。未来的一年，愿所有人都能成为更好的自己！

向上向善　笃定笃行

陈亚红

某日晚上锻炼身体结束，我去吃了一碗热气腾腾的鸡蛋面，一股暖流从心里升起，浪漫而温情。让我惊喜的是，那鸡蛋竟然还是双黄的。友人说，这是个好兆头呢，代表幸运与吉祥。

我与旧事归于无尽，来年依旧喜迎花开。回首过往，其实每个人都挺不容易的，为了各自心中的理想生活，积极向上，努力向前奔跑，承受着各式各样的压力，结果可能还并不如意。俞敏洪说过，人生来就是受苦的，不受这个苦，就会受那个苦，如果你能从苦中找到快乐和幸福，你就是幸运的。知乎上有一个很热的话题：如果金钱不再是生活的目的，那么你一生最大追求会是什么呢？有时候，我们不免会扪心自问：如何才能活得通透、活出自我，我们到底有没有活成当初自己喜欢的样子。

前两天有人在朋友圈里引用《人民日报》的一段金句摘抄，让我感同身受：我们总是为了太多遥不可及的东西去奔命，却忘了人生真正的幸福不过就是灯火阑珊的温暖和柴米油盐的充实。这一年里，无论你赚钱是多是少，经历的事情是好是坏，请记住，如果这一年，你很健康，那就是最好的一年。之所以对这段话感触颇深，是因为一场猝不及防的感冒。这场感冒让我咳嗽不断、鼻塞难忍，前后持续了一个多月。人大抵只有在这个时候，才会更真切地感受到健康的重要性。未来，我们仍要努力向上、勇敢前行，需要强健的体魄伴随一生。

我们总希望自己什么都不缺，可这世间哪有多少两全之美。足够的财富、健康的身体、高品质的生活，还有美满的婚姻、顺意的事业，这些都是理想状态。骨感的现实生活中常会有一地鸡毛。生活总得继续，我们要学会坦然接受。那些生活中触手可及的小确幸，就是我们幸福生活的点点滴滴。罗曼·罗兰说得好：世上只有一种真正的英雄主义，那就是认清生活的真相后依然热爱生活。

豆瓣 2021 年度书单已经出炉，这次还有一个主题，叫《午夜与太阳》。官方的解释很隽永：每一个在阅读中求索的午夜时分，书籍如同太阳，携来光与暖意，开启辽阔而炽热的生命体验，我们从这里出发，抵达对语言与表达更新的想象。

每天甚至每时每刻，都会有各式各样吸人眼球的视频、新闻，刺激着人们去打开、浏览，可过一段时间之后谁还能记得多少？阅读给人一种向上的力量。书读得越多，越觉得自己懂得少，也便会更谦和、更善良，保持一份清醒和平静，增长认知，放大自己的格局。坚持读书，即便最终跌入烦琐，洗尽铅华，也会有不一样的心境，保持最初的一份热情。杨绛先生有一句很精辟的话：用生活所感去读书，用读书所得去生活。

空隙时分，你是不是用手机拍了很多照片，通过朋友圈或其他平台，记录着生活的点点滴滴，还有内心的一些感慨。那些简单的日常，总能让我们有更多向上的勇气，还有向善的底气。有人说，我们终其一生都在寻找两个东西：一个叫价值感，一个叫归属感，归属感来自爱，而价值感来自被肯定。

2022 年已经向我们走来，愿你努力经营当下，直至未来明朗。内心笃定，何惧未知风雨；笃行致远，前方一定会有更美的风景在等着你！

虎虎生风新一年

陈亚红

2023年是壬寅虎年，在忙年中，我们总会想起许多关于春节的往事、关于虎的传说。前不久，专家在考古金沙遗址时发现立体圆雕石虎等10多件文物，除了石虎，还发现了许多金虎和铜虎，据此很可能说明虎是远古先民的共同崇拜物。虎不仅是百兽之王，还是力与美的化身，虎文化起源于最早的图腾文化，是我国传统文化的重要组成部分。

在我国古代，农历正月初一是被称为"元旦"的，表示新年第一天，寓意开始。老百姓都是在立春这一天过年的，相当于现代的春节，所以说在古代从立春那天开始算新年，过立春才算新的一年。直到1912年中华民国成立之后，才将阳历和阴历区别开，阳历的1月1日称为元旦，农历的正月初一叫着春节，也就是我们俗称的过年。

过年都是要贴春联的，我们乡下又叫贴门对子，有传说是为了驱除年兽。小时候，每年的除夕那天下午，父亲就会早早地忙着选对联、做浆糊、贴对联，还给我们讲关于对联的故事和对联的讲究，上下联要对仗、平仄要协调等常识，如果贴反了，会让人笑话的。后来每次看到人家的春联，总会不由自主地研究一下，也会想想是不是工稳，但心里其实也知道，这就是图个喜庆，也就不必那么刻意讲究了。

除夕的团圆饭必不可少，北方人是吃饺子，寓意辞旧迎新，招财进宝，南方人则是吃年糕或汤圆，谐音年年高、庆团圆，一家人欢天喜地团聚，快乐过大年，在祝福声和欢声笑语中守岁，回望过去、畅想未来，那种亲情和浓浓的年味，正是人们从四面八方都要想方设法回家的意思所在吧，这是中国文化几千年的传统，也寄托着人们对美好生活的向往与憧憬。

"爆竹声中一岁除,春风送暖入屠苏。"小时候,大年初一那天,父亲会起得很早,用芦苇扎起把子,点起火来,照耀着每一个房间,大概既有吉祥红火之喻,也有祛邪避凶之意。开门放鞭,那种炮仗升天、碎红满地的场景,现在只剩下回忆了。城市禁放鞭炮好多年了,似乎少了那么一种感觉和氛围。其实过年的气氛也在渐渐地淡了,更多的是保留一种情结。

金虎献瑞,筑梦未来。愿我们在新的一年都能以虎虎生风的气势,做到虎年不马虎,虎年超幸"虎"(福),成就不一样的自我。

迈步从头越，再启新征程

陶 冶

倒春寒时，天气乍暖还寒，趁着分行开展员工健步走活动的机会，我走进小区附近的盐塘河公园，寻找春天的气息。

刚到公园门口，扑面而来的梅花香沁人心脾，仿佛蛰伏一冬的心事得到了释放。走进去发现公园里的人还不少，三五成群，或互相拍照，或驻足观赏，或散步聊天，或欢快嬉闹。即使仍有春寒料峭、寒流涌动，也抵挡不住人们对春天的向往，阻止不了人们追寻春天的步伐。

"一年之计在于春。"春天是四季的开始，是庄稼人播种的季节，对于沉寂了一个冬天不曾运动的我来说，此时此刻正是重新制定计划恢复运动的好时机，我给自己定了一个小目标——完成五公里，平均配速六分钟。然而这个小目标实现起来并不那么顺利，在第一次健步走活动时，我仅仅坚持了两公里便结束了。毛主席曾在红军长征过程中写道："雄关漫道真如铁，而今迈步从头越。"想到这里，心中那股不服输的劲儿驱使着我不断向目标前进，相信只要瞄准方向和目标跑起来，脚下的每一步都会给我重新开始的力量，平均配速也会逐步提高。终于在最近一次的健步走活动中，我完成了五公里的目标。

作为一名入行四年的江苏银行人，说老不老，说新不新，好像正处于一个迷茫的阶段，实际上是迷茫蒙蔽了双眼，忘记了初心，只有学会迈步从头越，才能在变化中履职尽责，在不变中推陈出新，克服工作中的焦虑感与挫败感，脚踏实地，重新踏上新的征程。正如一个冬天的沉寂让我无法顺利跑下平均配速六分钟的五公里，但只要我重新迈开步伐，便一定能在未来某一天达成目标，工作中也是一样，秉持初心从头越，终究会柳暗花明踏上新征程。

让我们在这个春天的伊始，瞄准工作和生活新目标，踏上美好人生的新旅程。

春日漫想

朱笑吟

春天，在文人墨客的笔下，是一个美好而绚烂的季节。从小到大，我记忆中的每一个春日，都充满了美好。

走在春天的野外，鼻腔中很自然地呼吸到一股清新怡人的草木气息。因为工作的关系，我隔三岔五地走进乡村，邂逅了春天最令我惊艳的一种花儿——油菜花。虽然油菜花没有牡丹、玫瑰那么大，也没有桃花、梨花、杏花那么清雅，但它们胜在自然朴实，就像淳朴善良的农民兄弟，质朴无华，看不到一点扭捏作态的样子。

油菜花是金黄色的，像点点碎金般铺撒在农村的土地上，它们浩浩荡荡地灿烂着，跟春日的阳光相映成趣，也将这片土地渲染得无比热闹、喜庆。走在油菜花田里，你的脑海里会自然而然浮现出"心花怒放"这个成语，整个人都被一股惬意轻松的情绪裹挟，心情就像喝了农民兄弟递来的一缸蜜水似的。油菜花呀，你可真是农村里的"真醇佳酿"！

春风轻柔地吹拂，就像一只温柔的手掌在抚摸我们的脸颊，河水潺潺地流淌，清凌凌的水波映照着每一个人的影子。"一年之计在于春"，为了不让这个美好的春天虚度，我们也该早做打算了，连植物、鸟儿们都对季节的变化如此敏感，我们又怎能两手空空地向时光献礼？

身为客户经理，我在自己的岗位上，定期总结反思，努力完善提升，事事以客户为先，不断提升综合职业素养和客户服务体验，让每一个客户都能高兴而来、满意而归，就像这油菜花般，不断将美好分享给每一位路人。

生活中从不缺少美，只要拥有一双善于发现美的眼睛，哪怕平凡的一草一木，也能让我们从中获得感悟，汲取不断奋进的动力。在工作中，我们也要努力地发现美、创造美，不断奋斗拼搏，让自己在他人眼中成为一道无限亮丽的风景！

草长莺飞，大自然为我们呈上了一场有关美好的盛宴，也希望我们都能心怀美好的憧憬与希望，不断奔赴美好辉煌的前程！

百年薪火，传承有我

孟宁静

青年的年龄是什么范围呢？或许你会说35周岁下都是青年，因为很多招聘都这么写着人员岁数的界定。联合国把15—44岁的人定义为青年，世界卫生组织把18—65岁的人称为青年。青年也许关乎年龄，可没有人能阻挡我们永葆一颗年轻的心。

刚入行时，我充满了忐忑和好奇。有天，一位熟悉的客户过来轻描淡写地和我说，她今早在医院确诊得了乳腺癌，可是她不敢回家告诉她的孩子。她说确诊后的第一件事情就是来银行，把资产做个规划，既要照顾到事业刚刚起步的大儿子，又要考虑到未成家的小儿子。

那一刻，我的眼中噙满了泪水。生命虽有长短，一颗母亲的挂念却是永远的。那一刻，我知道我的工作不仅仅是日复一日完成手头的营销任务，更是在守护着客户一生的财富。那一刻，我感受到前所未有的责任。或许我的岗位很平凡，但是我的工作并不平凡。

有个客户问我："你知道，为什么我家门口的银行不去，选择来你们江苏银行的网点吗？"我心想，肯定是我们宣传好、产品好。经过沟通才了解到，原来客户下岗时，曾有位江苏银行的客户经理帮助她做了一笔下岗人员贷款，正是这笔启动资金打开她现在的创业局面。

十年树木，百年树人。客户是最好的见证者，见证了我们银行的枝繁叶茂、点点滴滴；也见证了我们一代又一代银行人的青春。如今我们新青年不是单纯地被裹挟在忙碌工作里的一颗小石子，更是江苏银行的参与者、奉献者、铸造者。

在我们江苏银行的大家庭里，不管是"60""70""80"还是"90"后，无论是"适龄"青年还是"超龄"青年，每个人的青春，都与江苏银行的历程同步；每个人的成长，都与江苏银行的历史性变革同行；每个人的奋斗史，都是我们江苏银行砥砺奋进的生动缩影。

奋力奔跑，勇于追梦，这才是青年该有的姿态；向上向善，求真求实，这才是青年该有的精神！

2022年是共青团成立100周年，让我们致敬新时代的自己，致敬江苏银行的每一个你。

初夏的浪漫

陈亚红

夏天苏醒没多久,风中就多了不一样的温柔与浪漫。满眼望去,到处是万木葱茏、万物竞绿,即便是路边的野花小草,也是一副勃勃生机的景象。

很喜欢初夏时节,没有凉意,也没有酷暑,身子骨也轻松了许多,人显得更加精神起来。人们可以嗅着花香,静听鸟语,思绪像梨花一般洒落满院。

前两天晌午时分,下了一场小雨,淅淅沥沥,像断了线的珠子,一点也没有停下来的意思。不知怎的,我倏然来了兴致,撑起一把小伞,下楼走了一圈。路上,我听到远处传来一首熟悉的歌,不缓不急,恰如这场夏雨,让人身心释然。不觉想起戴望舒在他的作品《雨巷》中所写的:"撑着油纸伞,独自彷徨在悠长、悠长又寂寥的雨巷,我希望逢着一个丁香一样的、结着愁怨的姑娘。"

夏夜,在世纪公园跑步,遇见成双结对、并肩前行的老夫妻。他们手牵着手,喃喃私语,上演着人世间最平常的浪漫。偶尔看到父母带着孩子在公园散步,他们的身影高低错落,一起一伏间充满着浓浓的爱意。

在初夏时节,我喜欢品茗,读一本好书,听上一段音乐。与友人畅聊,伴着茶的清香,这样的生活自成一番风情。以茶会友,以文论道,细数时光的流逝,也算是人间难得的清欢。

初夏已至,你准备好迎接它的浪漫了吗?

扎根沃土，向阳绽放

袁金雯

2018年底，我转岗到理财经理岗，迄今已有三年多光景。对我而言，这是用知识和智慧夯实逐梦翅膀的三年，是在困境中不断磨砺沉淀的三年，更是明确方向坚定前行的三年。这三年中，我深深扎根在江苏银行这片沃土上，不断汲取营养，向阳绽放。

没有目标的船，任何方向的风都是逆风。我在明确要把理财经理做好的那一刻，便一路前进，没有犹豫退缩。从害怕任务，到主动承担任务，我逐渐摸索出一条理财经理的服务之道。

我们要树立"客户在哪里，我就在哪里"的意识，成为客户的"贴心小棉袄"。由于种种因素，有些客户不方便来网点，我们就要主动上门为客户服务。每月的进社区活动是我们倾听客户心声、了解客户需求的重要渠道。在工作中，我们要学会走出网点，走进社区，挖掘网点周边社区的潜在金融需求，为他们奉上满意的金融服务方案。

我们要培养"理财小专家"的才干，成为客户的"财富规划小帮手"。客户的理财即将到期时，我们要对客户提前做好提醒，倾听客户下一轮的资产配置需求。日常时间里，我们可以多浏览关注一些最新的经济资讯和金融分析师报告，了解经济和市场走势，建立起较为完备的投资理财认知体系。有些年龄大的客户对一些理财产品不是很熟悉，我们需要细心地做好讲解，让客户了解产品，了解自己的风险偏好。

我们应感恩每一位客户，感恩他们选择信任我们，选择让我们为其财富规划建言献策。"追风赶月莫停留，平芜尽处是春山。"我们当在青春最美好的时期，拼搏进取、笃行不怠，以务实、专业、贴心赢得客户的满意与肯定。

"得"与"失"

孙 峰

人的生命是一个不断变化的过程，在成长路程中，我们会面临形形色色的"得"与"失"，如何正确看待它们，直接关系到我们的人生质量。

时光就像一条河水，清洗着沿岸的沙砾。我们的人生就像一条奔流不息的长河，只有学会沉淀和放下一个个无关痛痒的"沙砾"，才能轻装上阵，保持河水的澄澈与流通。生活中，我们难免会遇到各种各样的大事、小事，学会抓大放小、统筹管理，是我们实现高品质生活的重要方法。面对无可奈何的失去，我们需要平静面对；面对意外之喜，我们也应淡然处之。只有做到"不以物喜，不以己悲"，才能达到"万物皆备于我"的境界，成就圆满自足的人生。

《进击的巨人》里有一句台词："什么都无法舍弃的人，什么都改变不了。"有时只有放下心中的执念，放下对过去和已经失去的物品的留恋，才能迈开大步向前走。学会取舍，我们才能在一次又一次的失去中锻炼自己的意志和心性，才能聚焦目标、保持专注，把握好人生的每一个当下。

《高效能人士的七个习惯》这本书为我们提供了选择取舍的重要判断方法。这本书将日常事务划分到"重要紧迫""重要不紧迫""不重要紧迫"和"不重要不紧迫"四个象限，指导我们应第一时间完成重要紧迫的事情，对不重要不紧迫的事情要学会暂时性地放下。只有具备了良好的"得失"判断能力，我们才能把自己培育成为高效能的人士。

正确看待"得"与"失"，不仅是一种人生态度，更是一种人生哲学。让我们聚焦关键事务，抓住当下的每一分每一秒，对生活中的"得"与"失"泰然处之，努力成就高质量的人生。

谈 花 馔

乔 斌

有人说，唯有鲜花和美食不可辜负。古人以花为烹饪材料的花馔文化，将花与美食巧妙结合起来，可谓精妙之至。

以花为食的烹饪之法，自古早已有之。屈原《楚辞》中有"朝饮木兰之坠露兮，夕餐秋菊之落英"，直接以菊花为食；"播江离与滋菊兮，愿春日以为糗芳"，把菊花做成干粮食用。鲜花餐风饮露，汲日月精华，是大自然馈赠给人类的珍馐佳肴。以花入馔，烹秀色为餐，别有一番滋味。

花馔的诞生或许源于人们对一抹鲜甜的执拗。在那个人们大多以简单野菜为食的时代，色香味俱全的花瓣足以成为百姓清贫生活中的至味了。商朝精通烹饪之术的大臣伊尹更以"疱中至味"为喻形容花馔之滋味。武则天之后，食花之风日盛，相继出现了《山家清供》《养余月全》等记述烹调鲜花的"花馔谱"。

随着社会条件的不断改善，以鲜花为食成为人们用来清口与清心的一种风雅方式。道家认为，养生是生命的圆满完善。养生之道，莫先于食。通过花馔，我们可以享受四季更迭带来的美味，在顺应自然中给人体带来滋润。

文人雅士以花为馔，不仅在于求雅，更在于明志，吃花总是一件风雅有趣的事。置身滚滚红尘的人们，若食一朵清香简单的花，即使不置身于幽深僻静的山谷，也能自留出一片清净天地。陶渊明见有朋自远方来，即烹菊花为菜肴，食菊饮酒；杨万里则说"老夫自要嚼梅花"；清代袁枚更是食花成嗜，春食玉兰夏食荷，秋食菊花冬食梅，他对花馔的热爱可见一斑。古书中还记载仙人"食桃李葩"，餐花饮露，可得山野之趣，一缕暗香传承了千年。

如今，我们已进入快节奏的现代社会。人们总是行色匆匆，惜时如金。我们渴望慢下来，去学习古人那种尤为可贵的风雅状态：一席茶，一池荷，熏香迟暮，花馔青灯，轻嗅古时花馔的芳香，去寻心目中那一场人生雅集。

烹饪花馔，以花为食，给生活一点仪式感，视觉与味觉结合的一刹那，足以让人浅尝欣喜，腹饱心欢。

争做那一棵毛竹

殷梦杰

2022年5月27日,总行举办"行业小专家"颁授仪式暨"奋斗的青春——喜迎二十大,永远跟党走,强国复兴有我"主题活动。夏董事长对一批肯钻研、精业务、重实干的优秀青年颁授"行业小专家"证书,礼赞每一位奋力奔跑的江苏银行人,以这种方式向奋斗的青春致敬,向奋斗的时代致敬!

夏董事长讲到了一种很常见的植物"毛竹",我们每一位江苏银行人都需要学习这种"毛竹精神"。毛竹在种下的前四年,从不像其他植物那样争先恐后地长高长大,而是以一种不易被人发觉的方式向地下生长,牢牢扎根。

作为新时代的青年人,我们应当学习毛竹"默默无闻、厚积薄发"的精神,为今后的成长成才筑牢根基,积蓄力量。初入江苏银行,每一个人都是从头开始。我们抛下背后的学历,站在了同一起跑线,面对同样的机遇与挑战。毛竹用四年的时间默默扎根,其动力在于目标坚定。也许会有人说,银行柜员每天不断重复着枯燥的工作,单调又繁忙,发展空间很小,但我始终相信,卓越始于平凡,完美源于认真。每一位青年员工都应学习毛竹"沉得住气,扎得下根"的精神,力戒浮躁,不卑不亢,完善自我,不断积蓄迸发的力量。

我们应当学习毛竹"不畏风雨、弯而不折"的精神,让担当成为江苏银行青年最鲜明的特质。踏上岗位,我们就是选择了一份责任,拥有了一份使命。我们要以事业之心做好它,满怀激情投入进去。工作中我们难免会遇到这样那样的问题,我们要主动去寻找方法解决,而不是找借口去回避,要坚信方法总比困难多。有首歌唱得好,"我是山间一缕风,也能燃起一团火;

我是地上一朵小花，也有春天的颜色"。我是一名柜员，也代表着江苏银行的形象。这份担当让我始终将发自内心深处的喜悦驻留在我的笑脸上，让每一位客户满意而归。

我们应当像毛竹一样"高风亮节、虚怀若谷"，让品格成为江苏银行青年最宝贵的财富。我们要经得住考验，耐得住性子，顶得住诱惑，保持党性纯洁，时刻把对党忠诚摆在第一位，用钢铁般的意志坚守信仰，内化于心，外化于行。我们不能抱着"得过且过"的心态"混日子"，更不能为了眼前的蝇头小利迷失了自己。我们要严守党的政治纪律和政治规矩，常思贪欲之害，慎独慎微。

我们只有像毛竹一样向下扎根，向上生长，才能不断提升自身综合素质，在百折不挠中练就"风物长宜放眼量"的气度和胸襟，才能厚积薄发，成长为一个能担当的江苏银行人。

切切关怀心，浓浓客户情

姜 昊

营业厅外，小雨淅淅沥沥，天空被乌云笼罩，如幕布一般。老树摇曳着招呼雨中快步行走的人们，显得格外落寞。潮湿的风钻进脖颈，一点一点地渗透进肌肤。客户李奶奶走进营业厅，眉目微微舒展，营业厅内温暖的环境使她放松了身心。

"您好，奶奶。请问您办理什么业务？"我热情地打着招呼。奶奶缓缓掏出一个褶皱不堪的布包，翻出了一张整齐叠好的存单，向我递来，说道："小伙子，你好，帮我拿一下钱。我年纪大啦，不存了！"说罢，李奶奶长叹了一口气，忧郁的眼神令人心生怜悯。

我接过那张存单，发觉今天距离开户日期刚好过去了一整年。"奶奶，您这张单子是自动转存的，其实存单不只给您带来利息，对于老年人来说，更是一年一年的盼头，鼓励您积极生活呐！"此刻，我不仅希望留住客户，更希望鼓励奶奶对来年生活充满期盼。奶奶对我表示了感谢，最终还是打算将存单取现。业务办完后，她带着礼貌却又很复杂的微笑，离开了营业厅。

下班后，我总觉得李奶奶是遇到了什么难处，放心不下便联系了她。"奶奶，您好！我是江苏银行小姜，今天下午给您办理存单销户业务的。"介绍完自己后，我友好地提醒奶奶保护好自己的养老钱，以免陷入金融骗局。聊了一会天后，奶奶告诉我，她正在营业厅附近的盐南新村买葱油饼。我带了一包口罩，就去寻找李奶奶了。

见到穿着银行制服的我后，或许是因为长期无人关心，又或许是江苏银行人真诚热情服务所致，奶奶敞开心扉对我说："老伴去年年终过世了，儿子在上海定居，正值事业的上升期，年轻人忙，我们不想给他们添乱。""我要那么多存款干嘛呀，就想着晚年留着一点活钱用用。""老啦，谢谢你关心我。你是个好人啊！"我静静地听着奶奶的话，观察到她的眼角有一丝泪光闪过，又迅速被风吹干。我心里像是被什么击中似的，又无能为力。

"我平时喜欢晚上跳跳广场舞，人老了嘛，也没有别的爱好。"听到这里，我突然想到，自己的外公作为老年艺术团团长，或许可以帮奶奶排解孤独。"奶奶，艺术团有许多子女在外地的老人，大家抱团取暖，一起组织活动，表演节目，没事还能一起吃吃早饭呢！"说罢，我迅速联系了外公，外公表示欢迎各界艺术家参与。奶奶木讷地看着眼前的我，颤颤巍巍道了一声谢。

时间一转，在暖阳的照耀下，街上香樟斜影交错，粉红、嫩绿相互辉映。我走进外公的老年艺术团，一眼就看到了李奶奶，她正与同伴聊着天，挥舞着扇子，时而爽朗地笑着。我热情地向李奶奶打了一声招呼，李奶奶洋溢着笑脸，非常灿烂地说："要不是那天去江苏银行办业务，我这个时候可能还一个人在家看着电视发呆呢，要不是你不停地关心着我，介绍我来这个艺术团，我可孤单着呢！"说罢，她展示起新学的舞蹈动作。

此刻，暖阳从东窗照了进来，温暖的阳光洒在李奶奶的身上。但见她翩然起舞，散发着青春的活力，手舞足蹈之间，仿佛在向美好的生活致敬。

烟雨半夏

李 建

柳絮已飞,
又是一城春去矣!
半夏渐浓,
幽栖的海滨之城,
烟雨于飞,
充满着汗水和暑气,
浇灌了奋进者的心灵。
雨霖铃,
伞下衣襟闪动,
那是江苏银行人风尘仆仆的身影,
虽是素衣工装,
却似一壶青花,
淋湿了烟雨。
每一岁,
每一季,
为融创美好生活而奋斗的金融人,
乘载干事的轻舟,
踏歌前行……

如你所愿，盛世欢颜

——观看《周恩来的四个昼夜》有感

姜 昊

前几天吃饭时，我观看了《周恩来的四个昼夜》，心境开始跌宕起伏。

故事讲述了周总理于1961年走进正在经受三年严重困难时期的河北邯郸伯颜公社，通过四个昼夜考察民情，亲力亲为帮助公社百姓渡过难关。影片时刻体现出周总理对待人民的慈爱及与同胞同甘共苦的精神，展现了周总理对百姓细致入微的关心、血浓于水的感情。

电影采用照片式回忆手法，呈现了周总理在四个昼夜里与百姓同甘共苦的瞬间，让人身临其境去感受周总理鞠躬尽瘁的高风亮节。

影片中，大病初愈的周总理在前一天晚上只喝了一碗稀饭，便赶往伯颜农民夜校。在学堂中，为汪老师穿鞋是周总理一心为民的生动写照，与爱讲真话的张二延交朋友是周总理守谦秉公的细致缩影……这些细节不胜枚举。就是这样朴实的拍摄手法，将周总理的人格魅力刻在观众的心里。

影片善于以小见大，通过极小的一件事，深深体现出周总理一丝不苟的工作习惯和高度自律的人格修养，让初入职场的我深受启发。只有兢兢业业地努力工作、设身处地地为他人着想，我们才能高质量地完成各项工作任务，为人们提供最满意的服务和解决方案。于国如此，于职场亦然。

著名作家冰心说过："周恩来总理是十亿人民心目中的第一完人。"周总理从不沉溺在慷慨的口号中，而是将"鞠躬尽瘁"身体力行；周总理从不愿高居庙堂，而是深入民间，始终保持与民同乐的精神。

观影结束，饭菜已凉了，但我内心炽热。世间有太多感动如露珠般转瞬即逝，但伟人的事迹如长河绵延不绝，令后人追思畅想。这次观影也让我意识到，常从先辈们学习，我们会收获许多精神上的食粮，这些食粮也会在潜移默化间转化成为工作和生活上的前进动力。

夏日限定

孟　娴

家门口种了几棵枇杷树,每到夏天,妈妈就打电话给我,"丫头,家里的枇杷熟了,记得回家摘枇杷啊。"

周末放假,我回家了,车缓缓地驶过乡间小道。盛夏不似初春的乍暖还寒,万物欣欣向荣。盛夏的颜色也是沉甸甸的,满眼的金黄映入眼帘。成熟的庄稼在烈日的炙烤下低着头,昏昏欲睡。沉闷的夏风掠过脸颊,路两旁随风摇曳的白杨树发出"哗哗"的声响。

"回来啦?"站在田间收割油菜花的邻里放下手中的镰刀,站起身来热情地跟我打招呼。"是呢。""回家好啊,好好陪陪家人。"邻里友好地叮嘱我。

到家了,我按了一声喇叭,家里的爱宠小狗"灰灰"摇头摆尾、活蹦乱跳地从院子里冲出来,不时发出"嘤嘤嘤"的撒娇声。爷爷奶奶闻声从院子里赶过来,我激动地跑过去给了他们一个拥抱。

傍晚时分,清凉的微风卷走了夏日的疲倦。晚霞晕染的云层密布在天空上方,几丝微弱的光芒像水一般渐渐地在云层中铺开,夜幕开始缓缓地压了下来。

妈妈对回家不久的我提议道:"我们开始摘枇杷吧。"

只见枇杷树上结满了好多串结实饱满的枇杷,青里透黄,让我不禁想到了戴复古那句"东园载酒西园醉,摘尽枇杷一树金"。妈妈从屋里拿出梯子,我和姑姑固定住梯子的两边,妈妈站在梯子的顶端,在枇杷树的树枝里,瞄准一串黄灿灿的硕果,顺势折了下来。表妹接过串串枇杷,放在鼻尖闻了闻,淡淡的果香溢入鼻腔,在傍晚微风的轻抚下,沁人心脾。

我随手摘了一颗,撕开果皮,黄澄澄的果肉晶莹剔透,轻轻咬一口,果汁横溢，香甜可口，不一会儿香味便溢满了嘴，好不得意。"摘剪枇杷的时候一定要留住它的果蒂，外侧那层细细的绒毛也不能洗净，这是枇杷的保护膜，有了它枇杷才能汁水丰富，味道甜美，保存时间还长。"妈妈一边剪枇杷枝，一边跟我普及小知识。在家人的合力下，桌上很快就堆满了刚刚采摘的枇杷。

临走时，妈妈装了一箱枇杷给我带走。"多带点和同事们分着吃，等到明年枇杷熟了再回来一起摘。"妈妈笑着对我说。我朝妈妈挥了挥手，车子又缓缓驶入了那条乡间小道，后视镜里妈妈的身影也越来越小。

从箱子里随手拿起一颗枇杷，我剥开果皮，放入口中，枇杷的清香像极了家的温馨，质朴又不失温暖，让人留念不舍。

散步有感

辛爱林

晚饭后,我漫步在聚龙湖畔的林荫小道上。微风把玉桂沁人心脾的花香揉碎了,滑过我的脸庞,挑拨着我的嗅觉。林荫路上行人匆匆,不远的街边人声鼎沸、霓虹闪烁,尽显都市繁华。

刚踏上这片土地的时候,我关于盐城这座城市的记忆还定格在一张微微泛黄的黑白照片上。城内,零星散落的高楼不能称为鳞次栉比,街头巷尾的商品也不能称为琳琅满目,连商贩的叫卖声也充满了时代感。城外,尘土飞扬的羊肠小道随性地编织成郊区的阡陌交通。夜幕来临的时候,间或还可听到稻田里的蛙和树上知了的呼唤。

清晨,万丈曙光照耀在盐阜大地上,整座城市苏醒了。经历多年的发展,盐城逐渐有了自己的色彩和韵味。中华麋鹿园、盐城国家级珍禽自然保护区、荷兰花海、东晋水城,无一不是这座城市的新坐标;新弄里、中华海棠园、欧风花街、水街,无一不是这座城市的网红打卡地。

生活不再拘泥于吃饱穿暖,生活在盐城的居民有了更多的精神追求。公园、街角的广场上,中老年群体跟随着音乐节奏,踏着欢快的步伐,展现着"夕阳无限好"的风采。书店、图书馆的座位上,青少年群体在知识的海洋里纵情遨游,接受着古今中外文化的洗礼。路边、湖畔的跑道上,运动达人挥汗如雨,享受着锻炼过后大汗淋漓的那份舒畅……城中的人历经了物质文明向精神文明的发展,无论多么华丽的辞藻,也不能描述完这座城市的沧海桑田。

晚风习习,远处的水幕灯光秀绚丽多彩,我脚下的路还在向着比远方更遥远的地方蔓延……

追梦，我们一直在路上

虞凌燕

"我们都在努力奔跑，我们都是追梦人。"习近平总书记这句话启迪我们，实现伟大梦想，是时代赋予我们的重任，我们必须始终保持"在路上"的自觉。作为新时代金融系统的青年员工，我们既是金融梦的追梦者，也是金融梦的圆梦人，要用激情和理想、奋斗和奉献，在我们的追梦路尽情挥洒汗水。

追梦路上，我们要用信念引航。有梦想就有目标，有目标就有力量，有力量就有未来。我们要以坚定的理想信念坚守初心，以牢固的服务意识践行初心。今年疫情防控期间，我们网点的青年员工积极联系客户，了解其受疫情影响的情况。在获悉某公司急需资金购买防疫物资保障医院需求时，网点同事迅速行动，火速向企业驰援低息贷款，缓解客户的燃眉之急。他们将初心写在行动上，将使命落在岗位上，用实际行动诠释了金融工作者的责任感与使命感。

追梦路上，我们要用热情鼓劲。青春和热情是青年人最大的财富，生机和活力是青年人最大的优势。我们要带着对事业的热情，做到干一行、爱一行、精一行，让饱含热情的奋斗成为青春岁月里最美的回忆。在我们网点，你可以听到运营主任爽朗的笑声，那是她对人对事的热情，能够让客户一见如故。你可以看到客户经理专注的眼神，那是他们夜以继日整理各种授信材料，希望第一时间将金融"活水"浇灌到有需求的实体企业中。

追梦路上，我们要用实干圆梦。习近平总书记说："伟大梦想不是等得来、喊得来的，而是拼出来、干出来的。"奋斗是青春最亮丽的底色，实干是人生最厚重的品格。面对再多的艰难险阻，我们应不驰于空想、不骛于虚声，踏实前行，让客户满意而归。在金融服务中，我们当保持干中学、学中干的工作习惯，不断提升自身服务客户、服务实体经济的能力和水平，以实干成就金融事业的高质量发展。

作为新时代的江苏银行人，我们要用信念引航、用热情鼓劲、用实干圆梦，以此实现我们的个人梦、金融梦、中国梦！

活出"C位"精彩

王诗奕

哈佛大学曾做过一项研究,分析一个人没有成就的几大原因,其中之一就是"自我设限":杀死自己的潜能,看低自己的能力,不走出舒适区,把可能成功的机会推在了身后。

每个人的成长很难总是顺风顺水,其成长经常需要不破不立。只有选择难走的路,才有可能遇见更好的自己,成为人生的"C位"之主。

雷军29岁时,已升任金山公司总经理,可谓年少得志。然而,到达这样高度的雷军并没有选择一路舒适下去,十年的金山生涯,让他更加懂得科技的重要性。

2010年,41岁的雷军已过了不惑之年,这个年纪对于普通人来说早就没什么干劲了。然而,雷军选择走出舒适区,开始创业,短短几年时间,便把小米办得风生水起。试想,如果当初雷军没有勇敢迈出这一步,就不会有今天的小米科技。人的一生,最怕的就是碌碌无为,敢于打破现状,保持创新锐气,才能活出自己人生"C位"的精彩。

以前,变化可能只是生活的一部分;如今,变化可能成了生活本身。面对快速变化的社会和日新月异的知识,我们需要增强自己的敏锐度,不断吸收学习,时刻准备迎难而上。只有把人生的"方向盘"紧紧握在手中,才能逆风不落水、顺风快速前行,以变化应对变化,增强抵御风险的能力。

当初在时尚芭莎晚宴站错"C位"而饱受争议的张韶涵,不管人生跌到什么样的低谷,都没有放弃把握好手中的"方向盘",继续练习歌唱、健身,创立自己的品牌,多领域发展,最终凭借优秀的唱功再度翻红,这就是不"自我设限"带来的成功。

勇敢迈出舒适区,做好准备,牢牢掌控人生方向。人生的"C位",值得你努力!

遵从内心的真实

王嫣然

如果提前了解你所经历的人生，你是否还有勇气去迎接？

最近我重温了电影《无问西东》。影片通过四段不同时期、存在着联结的清华学子的故事，诠释了"无问西东"这四个字的含义。从头至尾，有许许多多细节和台词或轻或重地敲打着我，让我如梦初醒。

电影《无问西东》中有这样一段镜头。云南的雨很大，教学环境很糟，物理课上学生们根本听不清先生的讲课，先生索性在黑板上写下四个遒劲有力的大字：静坐听雨。于是一幅美妙的画面展开：窗外是并不十分肥沃的农田，作物在生长；冒雨跑步的学生，洋溢着青春，充满力量；授课的破房子漏着雨，一群年轻执着的学生们在求知。在那样一个时期，这一切十分无奈，又十分平常，却也十分可贵。静坐听雨的先生和学生在雨雾中目酣神醉，在这雨声和沉思中陶醉着，沉浸在自己的思绪里。

这一情节使我想起中学的第一堂语文课。当时的语文老师让我们放下书本，带着我们走出了教室，一路上告诉我们各种花木的名称，告诉我们他年轻时在校园里钓鱼和逗松鼠的经历，讲述老图书馆和雕像的历史，以及每栋老楼的名称由来。他希望我们不管走到哪里，都能发现事物美好的一面，"慢慢走，欣赏啊！"

影片中，不论是保家卫国的家国情怀，赤诚坚定的勇敢追求，还是摇摆后的不变初心，都源自遵从内心的真实。清华大学梅贻琦校长这样告诉吴岭澜什么是真实："你看到什么、听到什么、做什么、和谁在一起，有一种从心灵深处满溢出来的不懊悔、也不羞耻的平和与喜悦。"人生中面临一个个选择，有人选择随波逐流，有人选择明哲保身，但唯有遵从内心的真实，才能做到此生无憾。

明白自己真正想要什么，触摸到自己的真实，便无需太过在意短暂的失意或世俗的眼光，即便走上的道路不同于预想，只要保持初心，无愧于当下的每一个选择，便只管坚定并从容地走下去。愿我们都能遵从内心的真实，不惧世俗，活出本色。

扎根岁月成长，收获胜利荣光

李颖慧

时光如白驹过隙，不知不觉间，我进入江苏银行已有11年。一路走来，江苏银行见证了我的成长，也给了我展示自我、实现自我价值的舞台。回首这段时间，团队的信任支持、同事的关心帮助，都为我注入了蓬勃的动力，让我在岁月中扎根成长，不断收获胜利的荣光。

世间万物，成长最美。人生路上，总有一段沉默的时光，那是付出很多努力却不一定有收获的日子，它叫作扎根。向下扎根，才能汲取向上生长的力量。只要沉下心来，不懈努力，终有一天会开花结果。

扎根业务学习，收获专业之花、信任之实

俗话说，空无一物的袋子立不起来。只有不断学习新产品和业务知识，对产品了解通透，才能在工作中保持专业。疫情常态化防控以来，我所在的网点与当地一家公司首次建立合作，落地300万元贷款。去年春节前夕，公司老板联系我们，表示其另一家公司急需500万元贷款购买原材料，但无抵押物担保，询问我们是否有信用产品支持。我们积极与担保公司对接，设计服务方案，商讨反担保措施，在网点同事的通力协作下，最终帮客户顺利解决问题。

专业赢得信赖，正是因为我们在日常工作中不忘学习、扎根钻研，当客户有需求时我们才能高效反应，及时给客户送上满意的解决方案。

扎根坚持不懈，收获成长之花、业绩之实

身处小微业务条线，我们一直在路上，工业园区、沿街商铺、乡间小道，都有我们奋力奔跑的身影。在这过程中，我们会遇到形形色色的客户，有欣然欢迎的、有冷淡回应的也有闭门不见的。因为我们的坚持，客户有需

求时，会第一时间想到我们。水滴石穿、绳锯木断，坚持让我们不断成长、收获成功。

我们常常将业务完成归功于多了一丝好运，然而恰恰是因为我们全体小微客户经理的坚持，才有了项目落地的满足、收获硕果的喜悦。

扎根团结协作，收获友谊之花、胜利之实

"积力之所举，则无不胜也；众智之所为，则无不成也"，在工作中，我始终把团结同事作为日常工作的准则和解决难题的抓手。因为团结，我们的各项小指标几乎全封顶；因为团结，我们效能管理几乎零失误。一花独放不是春，百花齐放春满园。网点前辈们的言传身教营造了良好的工作氛围，绘就了上下一心、团结协作、交相辉映的美好画卷。

根深才能叶茂，本固方可枝荣。任何光彩成功背后都有不计其数的辛苦付出。用力成长，才有分量；奋力奔跑，才能抵达。未来的日子里，我将继续扎根基层，我相信，时间从不会辜负任何一个人的努力，我们终会在热爱的岗位上闪闪发光。

大漠里的铁路匠人

陶 冶

塔克拉玛干是我国第一大沙漠,是世界第二大流动沙漠,淹没了楼兰古国,也让罗布泊为之干涸,被称为"死亡之海"。然而,就是在这片"死亡之海"上,我国的铁路匠人一次次创造了世界奇迹。

古人在这片生态环境恶劣的沙漠中探索,开辟了丝绸之路,连接了东方与西方,在驼铃声声中,交换着货物,传播着文化。铁路匠人们则沿着古丝绸之路,架起一座座过沙桥,筑起一道道绿色围墙,只为用车轮声、汽笛声重新唤醒这片沉睡的沙漠。

古人勇往直前、开疆拓土,铁路匠人则不畏艰险、开拓创新。曾经,铁路匠人们在湍急的江河之上架桥,在险峻的大山中开凿隧道,来到大漠后,他们必须从零开始,一边学习防沙治沙,一边修建铁路。功夫不负有心人,在今年六月,和若铁路正式开通运营,与格库铁路、南疆铁路相连接,一同环抱塔克拉玛干沙漠。大漠中的铁路匠人实现了铁路环绕沙洲的梦想,我国至此建成世界首条环沙漠铁路。

当我在新闻中得知和若铁路正式开通运营的消息时,内心不由赞叹。虽然我不曾到过沙漠,但是"死亡之海"这四个字足以让我对在塔克拉玛干工作的铁路匠人心生敬佩。我仿佛看见塔克拉玛干沙漠的烈日打在铁路匠人的背上,风沙砸在铁路匠人的脸颊上,流动沙丘迅速吞噬着铁路匠人种下的绿色,但他们依然顶着烈日、迎着风沙,与流动沙丘赛跑,将风沙挡在绿色屏障之外。这样一幅大漠筑路图怎能不让人心生赞叹呢?

这样的荒漠不仅仅存在于铁路工作中,各行各业都有一片需要去征服的塔克拉玛干沙漠,银行业也不例外。面对竞争日益激烈的金融市场以及外部新兴技术的冲击，我们银行人必须要在复杂的环境中学会跨界和创新，就像铁路匠人面对塔克拉玛干沙漠，不仅要会筑铁路，还要会防沙治沙，甚至还要把桥建在沙漠上。只有这样，我们才能在同业乃至整个金融市场里脱颖而出。

  大漠孤烟，丝路绵延，列车飞驰……让我们带着铁路匠人的精神，不畏困难，勇往直前，建造起属于银行人自己的前进车道！

百年奋斗不息，青春追光不止

陶 冶

金秋十月，我们迎来了党的二十大。在会上，习近平总书记总结了过去十年对党和人民事业具有重大现实意义和深远历史意义的三件大事。一是迎来中国共产党成立一百周年，二是中国特色社会主义进入新时代，三是完成脱贫攻坚、全面建成小康社会的历史任务，实现第一个百年奋斗目标。作为新时代的青年人，我们正站在历史的交汇点，从第一个百年奋斗目标向第二个百年奋斗目标奋勇迈进。

实现目标，唯有奋斗。"奋斗"二字是习近平总书记时常挂在嘴边的词，"幸福都是奋斗出来的""奋斗本身就是一种幸福""新时代是奋斗者的时代"……"奋斗"二字饱含了习近平总书记对我们青年人的期许。

回望历史的烟云，长征路上，奋斗者不畏枪林弹雨，将星星之火化成燎原之势；新中国成立初期，百废待兴，奋斗者从无到有，筚路蓝缕、以启山林；面对浩瀚的太空，奋斗者搭载神舟系列飞船，飞天遨游；面对死亡之海罗布泊，奋斗者建造起中国铁路，穿越而过。每一步成功、每一个奇迹、每一次飞跃都凝结着无数奋斗者的汗水和付出。我们每一个新时代的青年人，都应当在自己平凡的岗位上吃苦耐劳、不断奋斗，唯此方能创造出不平凡的成绩，在岁月深处刻印下我们的足迹。

在党的二十大报告中，习近平总书记殷切寄语青年："广大青年要坚定不移听党话、跟党走，怀抱梦想又脚踏实地，敢想敢为又善作善成，立志做有理想、敢担当、能吃苦、肯奋斗的新时代好青年，让青春在全面建设社会主义现代化国家的火热实践中绽放绚丽之花。"过去的岁月里，一代又一代青年人奋斗不息，实现了第一个百年奋斗目标。未来一百年，作为新时代的青年人，让我们从己做起，化青春为奋斗的力量，追着光，靠近光，成为光，散发光，为实现第二个百年奋斗目标贡献自己的一份力量。

向下扎根　向上生长

朱　蝶

就在几个月前,我与江苏银行撞了个满怀。作为新入行员工,我翘首企足,期待着为江苏银行贡献自己的青春力量。

在新员工集训期间,我们牢记"向下扎根,向上生长"的关怀和期待。如今,我们正式走入支行,投入工作。支行老师春风化雨般的教诲,带教同事悉心毕力的帮助,客户善解人意的体谅,都让作为新员工的我感受到了温暖,帮助我迅速融入支行大家庭,接受"银行人"这个新角色。

向下扎根就是要打好基础。正所谓"求木之长者,必固其根本;欲流之远者,必浚其泉源",柜员没有高低之分,能力却有强弱之差。柜面工作想要做得又快又好,就务必要稳扎稳打,循序渐进,夯实基础。

进入网点没几天,我就进入了柜台,在师父的指导下,我学会了柜面工作七步曲,掌握了存单开销户、个人汇兑、转账限额调整、未成年人开卡等业务。第一次接触这些业务时,我只能听着师父的指引进行操作,填哪些表、签哪些字都需要师父提醒;当第二次接触相同业务时,我已经有清楚的流程思路。在这期间,我坚持思考每笔业务存在的注意点,做好业务笔记,不断回顾记忆,形成自己的知识框架,并在实操中融会贯通地运用知识,相同的业务反复做,直至这笔业务办理起来能够得心应手。

令我记忆犹新的是,在一次办理存单销户的业务中,客户想要将存单的钱转到卡内,但我在操作时,资金去向选择了"现金",好在我深记师父的话"在提交前检查一遍",进行了及时纠正。我第一次深刻地感受到差错随时会发生,银行人要以谨慎的态度办理每一笔业务,特别是我们新入行员工,不仅业务要打好基础,思想更要筑牢根基,办理业务时要专心、细心、耐心,工作之余要有坚持学习的恒心。

向上生长就是要突破自我。"没有比人更高的山，没有比脚更长的路"，柜面工作注重业务基础，也强调业务水平，我们要学习新知识，掌握新技能，通过考试检验能力、提升水平，同时需要积极参与行内学习，探索新的服务模式与方法，为客户提供更优质的服务。

作为新员工的我们，要有自己的职业理想与目标，要有敢于攀登的心。俗话说"不想当将军的士兵不是好士兵"，在日后的工作中我会明确自己的目标，向更高的山前行，在办理业务时做到"精益求精，臻于至善"。

作为江苏银行的一分子，我愿意做一粒种子，向下扎根，向上生长，静待开花结果。

《厚积落叶听雨声》读后感

邹 玮

《厚积落叶听雨声》是美学大师朱光潜经典作品的精编。这个书名应该与《巨流河》一书中提及的一则轶事有关。一位学生拜访朱光潜，欲替老师打扫院里的落叶，朱光潜拦阻道："我等了好久才存了这么多层落叶，晚上在书房看书，可以听见雨落下来，风卷起的声音。"

该书中收录了六十幅东西方艺术名作，有达·芬奇、米开朗琪罗、梵·高、莫奈等西方画家的作品，也有郑板桥、齐白石、徐悲鸿等中国画家的名作。赏心的文字配以精美的画作，读者翻阅之中可获得美的享受。

朱光潜谈美，也谈人生。本书虽然篇篇从美学入手，但不局限于美学。在朱光潜看来，一切美的事物都有不令人俗的功效，而人生就是要赋予生命美的品质。关于生命，他说"就顺着自然所给的本性生活，像草木虫鱼一样"；关于艺术，他说"离开人生无所谓艺术，因为艺术是情趣的表现，而情趣的根源就在人生"；关于缺憾，他说"这个世界之所以美满，就在有缺陷，就在有希望的机会，有想象的田地"；关于人生，他说"每个人的生命史就是他自己的作品，人生苦短，可有什么人或事，让你愿意为之停下脚步，静静欣赏"……阅读此书，你仿佛面对一位温和的老者，听他娓娓道来。每篇文字都像一杯温水，不冰冷也不沸腾，但自有一种力量。

掩卷凝思，"厚积落叶听雨声"是一种不同于流俗的"生命美学"。当心灵负重太多时，我们间或迷失在纷繁复杂的琐事中，缺乏处世的练达与平和，而当我们以美的态度面对生活中的平凡和日常时，看最卑微的野花都有意义。

《厚积落叶听雨声》像一座云梯，让寻美的人拾级而上，发现一事一物的美好，进而发现人生的繁花似锦。

年轻人拥有未来

——《阅读，游历和爱情》读后感

陈婷婷

"高黎贡，所有这一切的真正起点。"梁永安老师在《阅读，游历和爱情》这本书的序言中，将自己曾经插队生活两年的云南高黎贡山称作是"所有这一切的真正起点"。他没有特别说明这个"起点"的含义，但是读完序言中的故事我体会到，这里的所闻所见所思正是梁老师思想孕育的萌芽——江水和高山中万物生长的节律、登高远望时物我两忘的境界……这片大自然的灵秀之地不仅孕育了风情瑰丽的多民族特异人文，还有梁永安老师取之不竭的生命体悟和深邃思想。

当我们能够临近大自然的磅礴盛大时，才会感到自己的渺小。在思想层面上也是如此。当我们接触到更加多元的世界，我们才能避免自身想法的狭隘，这也是梁永安老师这本书的名字所表达的：阅读，游历和爱情。

"年轻人拥有未来。"这是全书开篇的第一句话。几年前我还像个睡眼惺忪的孩子一般，未能好好地掂量这句话的分量，如今我仿佛才逐渐苏醒，意识到曾经自己对世界、时空和自我的认知是多么的混沌和模糊。按部就班的生活让我一度以为一切都是顺其自然、理所应当的，而人类发展到今天，我们已然是站在巨人的肩膀上看世界了，在这样的时代里，我们可以拥有更多思考的空间，去追寻自我的精神价值。

作为现代年轻女性，我通过阅读认识了波伏娃和她的作品《第二性》，有机会翻开英国作家伍尔夫的《一个人的房间》，读懂她的"不必匆忙，不必火花四溅，不必成为别人，只需做自己"。这些思想的滋养，让现在的我可以更有体会地在书中去感受梁老师对女性的人文关怀，聆听他如何通过电影文学作品对女性文化进行深入的探究。

"在不确定的世界做确定的自己，尽量避免成为单向度的人。"梁老师告诫年轻人要学会衡量自我价值，反思自己知识的增加、文化视野的扩大、情感含量的丰富。在丰衣足食的年代，我们年轻人更要打开自己向上的通道，享受精神的追求和幸福，努力成为更好的自己。

茶 与 人
——《南方有嘉木》读后感

王 笛

"茶者,南方之嘉木也。一尺、二尺,乃至数十尺。其巴山峡川,有两人合抱者……"出自《茶经》的这段话令人回味无穷。

近段时间,我阅读了王旭烽的《南方有嘉木》。这是一本讲述茶人茶事的书作。作者笔风清丽婉转,以茶为线索,将杭州城忘忧茶庄内发生的家族故事同民族命运交织在一起,作品字里行间散发着淡淡的、幽幽的茶香。

茶性易染

徽帮茶人吴茶清,因数年前的际遇巧合做了杭州忘忧茶庄的掌柜。他对茶业这个行当中"茶性易染"这一说,防得甚紧。其大抵意思是厨房里如若放一包新茶,用不了几天,就会沾染一股子油烟气。他经营下的茶庄店堂,清清爽爽,伙计吃饭过菜,不准吃鲞,不准吃葱蒜。洋铁茶罐,擦拭得纤尘不染,柜台伙计个个干净得像瓷罐子似的。顾客进来,可以闻到一股香香的扑鼻茶气。用吴茶清的话说:吃茶叶饭,第一要清爽,人清爽,味道也清爽。他用恪守之道为我们展现了一个澄翠幽香的茶世界。

杯中浮沉

在忘忧楼府中,人们都在努力地生存着。沈绿爱在面对丈夫杭天醉出走时,茶成了其情感的表达和寄托。书中写道,看着被冷水冲泡的绿茶,沈绿爱等待了许久,茶叶始终冷静地摊浮在水面上,不动声色。茶叶未沉,一如她无处可依、焦急万分的心绪,夏季的热风也舒展不了那杯绿茶。作者把沈绿爱的心境和渗进骨子里的寒气刻画得入木三分。在与婆婆林藕初争吵平复后,冷水冲泡的龙井茶茶汤呈现出了黄绿的色泽，叶片正一片片缓慢地降落，恰如她以往的欢脱慢慢地归为沉寂，杯中世界的沉浮成了杭家女人心境与命运的缩影。

以茶见人

品茶者，品水也、器也、境也、心也。伴随着革命浪潮的翻涌，杭家人花间品茶的时代一去不复返了。从茶人吴茶清的长毛身份开始，二代天醉和他的好友寄客乃至妻子绿爱、妻兄绿村，都在乱纷纷"你方唱罢我登场"的时代洪流中，成为热血革命的一分子。天醉以茶水送别小莲，用茶叶祭告故交，仿佛用清洁的山中瑞草才能净化心灵。他与寄客一同进学后，将一罐明前龙井捧置到赵岐黄的案头时，赵先生感慨，到底是这样的人家，行事不流于俗，小小一罐龙井，胜过那大堆小包的人参木耳。经历过战火风云、悲欢离合后留下的创伤，皆可以茶抚慰，疗愈。

水本无味，茶赋之清魂。小小的绿色叶片，可以沁人心脾，也可浓烈至极。这也正如忘忧茶庄里的男女们既可儒雅自由，也可为了革命理想荡污涤垢，坚忍负重。读罢掩卷，这南方的嘉木不禁让人浮想联翩，回味悠长。

心向基层　一路生花

辛爱林

今年是全面贯彻落实党的二十大精神的开局之年。党的二十大报告高屋建瓴、气势恢宏、博大精深，通篇闪耀着马克思主义的真理光芒。作为基层党员，我在学习中深受教育、倍感振奋，深深领悟到银行网点作为基层单位，天地广阔，是我们党员奋斗拼搏的"主战场"、淬火成长的"大熔炉"、施展才华的"大舞台"。我们当始终坚定不移听党话、跟党走，怀抱梦想又脚踏实地，心向基层，一路生花。

对党忠诚，坚定信念，绽放信仰之花

习近平总书记曾指出，广大干部特别是年轻干部要在常学常新中加强理论修养，在真学真信中坚定理想信念，在学思践悟中牢记初心使命，在细照笃行中不断修炼自我，在知行合一中主动担当作为。坚定的理想信念是我们安身立命的根本。身处基层，我们要修好理想信念这门终身课题，始终铭记金融报国、金融为民的初心，在真学真信、常学常新中坚定理想信念，做到思想上高度统一、政治上高度清醒、感情上高度贴近、行动上高度同步。只有不改其心、不移其志、不毁其节，在基层"大熔炉"中磨砺意志、淬炼党性，我们才能打牢茁壮成长的思想根基。

一心为民，沉下身子，绽放奉献之花

我们要勇做走在时代前列的奋进者、开拓者、奉献者，让青春在为祖国、为人民、为民族的奉献中焕发出绚丽光彩。在金融服务的过程中，我们可以充分发挥志愿者精神，采取多种方式为民服务。我们不妨走进周边菜场、商铺，帮助社区普及金融知识，常态化举办防范电信诈骗、防范非法集资、普及人民币防伪技巧等专场宣讲活动。在宣传金融知识的同时，我们可以积极开展公益活动，关爱孤寡老人，关心残疾儿童，尽心干好每一份工作，细心处理好每一个难题，暖心服务好每一位群众，以行动诠释"我将无我，不负人民"的崇高情怀。只有把"小我"融入"大我"，舍小家顾大家，我们才能不断提升自己的修为境界，为身边人带来更多美好。

砥砺实干，永不懈怠，绽放拼搏之花

基层工作往往条件艰苦、任务繁重，这要求我们基层党员要特别能吃苦、特别会干事、特别有本事，发扬迎难而上、攻坚克难的奋斗精神，拿出逢山开路、遇水搭桥的决心毅力，在困难面前敢闯敢试，不懈怠不气馁。面对工作中的"硬骨头"，我们一方面要敢于迎难而上，不逃避不后退，另一方面要善于创新，寻找解决问题的方法和思路。只有接最烫的山芋，攀最陡的山峰，我们才能培育出真本领，以一往无前的奋斗姿态和永不懈怠的奋斗精神投入网点的基层工作中去。

悲喜相济，哀而不伤

——《我们仨》读后感

丁 莹

《我们仨》也许不是杨绛最好的作品，但对我来说，却是最感人并发人深省的一本书。这本书让我深深体会到了亲情的伟大和震撼人心。我想，杨绛作品的魅力就在于，以朴实无华的笔墨折射出真挚动人的情感。

亲情，仿佛永远都能勾起人们的心弦。不需要过多的渲染，普通的平常言语便能表达出亲情的温馨和持久。杨绛从一位九十多岁老人家的追忆视角，带领我们回顾了她和女儿钱瑗、丈夫钱钟书的生活点滴、酸甜苦辣。

通过本书，钱钟书先生一家三口日常时的相扶相帮和患难时的不离不弃，在杨绛老人的笔下一一展现开来。读者在追随作者心路历程的同时，也会不由自主陷入对亲人的思念。我敬佩他们仨的治学严谨，也对他们的坎坷人生唏嘘不已；既羡慕他们的融融亲情，也心痛他们的相继逝世。一位是国学大师，一位是翻译名家，一位是著名学者，几十年来，他们相濡以沫，以读书为乐，不理会世俗的嘈杂，不计较个人的得失，生活在他们恬然自守的祥和世界里。

书中的一、二部分记述了一个梦，梦中的情境读来令人历历在目，就连一些生活中的琐事细节都描写得清清楚楚。一家人在古驿道上相聚与失散，女儿圆圆去世了，钱钟书走了，相亲相爱的三口之家只留下了杨绛自己。她写道："三里河的家，已经不复是家，只是我的客栈了。"关于梦境的描述，还有一段令我印象深刻的话："往往是我们两人从一个地方出来，他一晃眼不见了。我到处问询，无人理我。我或是来回寻找，走入一连串的死胡同，或独在昏暗的车站等车，等那末一班车，车也总不来。梦中凄凄惶惶，好像只要能找到他，就能一同回家。"字里行间透露出杨绛先生对亲情的珍视，对家人的无限思念和追恋。

这是一本温暖人心的书。虽然现在的我无法做到完全的共情，但随着年岁渐长，愿我们也能像作者一样，虽历经悲欢离合，仍以平和之心看待人间聚散，始终保留对宁静美好的向往。

家风严谨　清风徐来

——读《南怀瑾家风家教》心得体会

于　军

"父亲的经历，也恰好印证了英国哲人休谟的一句话：想要除掉田野里的杂草，最好的办法就是种上庄稼。人的头脑便是一块良田，与其让它长满杂草，不如让它结满果实。"这句话的背后，是《南怀瑾家风家教》作者南一鹏对父亲南怀瑾的深情追念和无限缅怀。

近日，我细细品读了《南怀瑾家风家教》一书，感触颇多。南怀瑾是中国当代著名学者、诗人、教育家，该书主要从其儿子南一鹏的视角，以家道、家风为主题，讲述南怀瑾先生如何教育子女修学传统文化，如何通过家教、身教、言教及开明自由的家风来对儿女进行人格教育和生活教育。通过《南怀瑾家风家教》这本书，我们可以近距离倾听南怀瑾先生"古今合一，中西合璧"的教育理念，以及南怀瑾的人生态度——"进退皆宜，与人为善"。

良好的家风就像一剂清风正气的良药，可以营造良好的社会风尚，激励每个人奋发向上、自强不息。

"家风好，就能家道兴盛、和顺美满；家风差，难免殃及子孙、贻害社会。"在中华历史中，家风传承已成文化，西晋文学家潘岳便作有《家风诗》。家是最小国，国是千万家。"小家"的灵魂内核立住了，才得以成"大家"。

"家风是民族文化的传承"，"家风是一个家庭的精神内核"，"家是人生的第一课堂"，"好家风塑造好品质"……南一鹏在《南怀瑾家风家教》一书中记录的这些内容与其父亲的言传身教不无关系。回望历史，诸葛亮的《诫子书》、颜之推的《颜氏家训》、朱柏庐的《治家格言》等都闪烁着培育优良家风的思想光芒。"非淡泊无以明志，非宁静无以致远""常将有日思无日，莫待无时思有时"等古训至今为世人尊崇。

合上《南怀瑾家风家教》一书，我想起了老英雄、老银行人张富清传奇又平凡的本色人生。张富清在解放战争的枪林弹雨中九死一生，先后立下数次显赫战功，并两次获得"战斗英雄"荣誉称号。他尘封功绩60多年，直到2018年底，他的事迹才被发现。2019年，他获得"时代楷模""全国优秀共产党员""共和国勋章"等至高荣誉。"和过去比，和困难群众比，和牺牲的战友比"，在儿女面前，张老经常把这句话念叨在嘴边。小儿子张健全说："父亲的事迹被报道后，除了震惊，还有敬佩，但我对他更多的是心疼。"一名共产党员的坚守，融化为一个家的品格，这便是父亲的力量、家风的力量。

好的家风家教，是历史的传承，也是时代的使命。近年来，习近平总书记对家庭、家教和家风建设有许多重要论述。他指出，千家万户都好，国家才能好，民族才能好。他强调，有什么样的家教，就有什么样的人；家庭是人生的第一个课堂，父母是孩子的第一任老师。

多年来，江苏银行十分重视家风文化的建设。2020年7月，总行党委书记、董事长夏平以"家风"为题，为全行党员上了一堂内容丰富多彩、意义博大深远的专题党课。他指出，注重家庭的银行才是好银行，注重家教的银行才有好未来，注重家风的银行才有好风气。我想，只有我们每个家庭都向上向善追求美好的家庭梦，才能汇聚起实现中华民族伟大复兴中国梦的磅礴力量。同样，只有我们每位江苏银行员工都爱行爱岗、敢为敢闯，把个人梦融入到银行梦之中，才能汇聚起建设"四化"服务领先银行的强大精神力量。

作为江苏银行的员工，培养和传承好家风，我们责任在肩！

坚 持 的 力 量

——读《态度：大国工匠和他们的时代》有感

陈亚红

这是第十四届"江苏职工读书月"推荐的一本书。作者通过对话形式，选取10位在我国航天、港口、建筑、传统手工业等领域的杰出工匠，讲述他们如何把个人人生理想融入时代需求和国家发展大业当中。他们的故事里，随处可见坚持的力量。他们用劳动实现人生价值，用坚持创造更加美好的生活。

我利用周末时间，几乎是一口气读完。这种对话访谈的形式，给人一种与工匠现场交流的身临其境的画面感。他们侃侃而谈、娓娓道来，或诙谐幽默、或激昂澎湃，每位工匠都有不同的感人故事，平凡中造就了伟大，坚持中蕴含着哲理。从他们的故事中，可以看到我国发展壮大的缩影，也能感受到在时代变迁中，普通劳动者以坚持的姿态去奋斗。

钢结构建筑施工领域专家陆建新在接受采访时开宗明义，他说：坚持是蛮重要的事情。他参与创造了多项世界高层建筑施工速度纪录，参与完成4栋400米以上的超高层建筑施工，被誉为"中国摩天大楼钢结构第一人"。他来自建筑之乡——南通海门，从干测量员开始，一干就是14年，靠"坚持"把最基础的工作做好。同时，他还会去看、去总结、去悟，不断地提升自己。他感慨道：每个人在工作、生活、学习中都会碰到各种各样的问题，不要那么轻易放弃，坚持一下，是不是大大小小的问题后来都解决了？

担任港珠澳大桥岛隧工程项目总经理、总工程师的专家林鸣，在克服自身高强度工作引起的免疫力下降时，坚持每天跑步，他的这种坚持被视为一种不服输的精神。他说，定了目标就要做到。不管在国内还是国外出差，我都跑，一天不落。他的话掷地有声，跑步如是，工作亦如是，有这样的毅力，又有什么事儿做不成？

中车长春轨道客车公司的首席操作师、技能专家罗昭强，从技校毕业后29年来一直在生产一线，坚持钻研业务、坚持攻坚克难，工作一丝不苟、精益求精，荣获"全国五一劳动奖章""全国劳动模范"称号，获得国家科技进步奖二等奖。他既能低头拉车，也能抬头看路；既能扎根、坚持，也能抓住甚至创造机会。他用"坚持"二字，回答自己成功的秘诀，这样的人，不成功恐怕也难。

80后的竺士杰是长期工作在一线的桥吊司机，长期致力于桥吊操作法的提炼、升级和推广工作，为宁波舟山港成为年货物吞吐量13年蝉联全球第一、集装箱吞吐量稳居全球第三的世界级大港作出了重要贡献。他坚持运动以培养自己的耐力、领悟力和锲而不舍的态度，在运动中喜欢琢磨、思考，并运用到工作当中。他说，一个人最好从小就能坚持去做一项运动，在运动中吃点苦，享受到乐趣，获得成就感，从运动中体验超越极限的那种快感。

国家级非物质文化遗产项目苏绣的代表性传承人姚惠芬，多年来一直致力于苏绣传统技艺的传承与发展创新。她从五六岁就接触刺绣，在绣花绷前严谨细致，40多年如一日，日复一日地穿针引线，这种重复，就是"坚持"的另一种表达。她看上去细腻温柔，但骨子里却有种特别强的韧劲儿，温和而坚定。她说：我自己想做的事情是会坚持的，如果认准了一条路，不要想太多，只要坚持。这么多年，我认认真真、心无旁骛地做这件事，而且一直在坚持。她用行动诠释了"坚持的力量"，作品被国内外多家博物馆收藏。

不同的故事有不同的人生，不一样的工匠也会有不一样的精彩。在《态度：大国工匠和他们的时代》这本书中，每位工匠都能让我感受到坚持的力量，字里行间给人启迪。这些令人尊敬的工匠们用技艺表达自我，以坚持致敬时代，将人生理想、个人价值融入到推动国家发展、时代进步的大潮之中。

他们造就了时代，时代也成就了他们。

风景在路上
——2023新春寄语

陈亚红

又是一年春来早。刚过了元旦，年味便渐渐浓了起来，大街小巷又恢复了往日的车水马龙，人们在忙碌的喜悦中迎接兔年的到来。春节的脚步越来越近了，这正是万丈红尘中最浓郁的烟火气息，沉淀于我们每个中国人的血脉深处，在辞旧迎新的时刻悠悠泛起，述说着别样的家国情怀。

每个人都不容易。三年疫情让我们有了更多的感触。其实，每一代人都会有每一代人的经历与使命，不同的时代也会有不一样的风景。人生就是一场充满未知的旅行，既有沿途的风景，还有看风景的心情。

我家不大的院子里，长了一棵桂花树，每年初冬时分，桂花便一小朵挨着一小朵地长了出来，或密或疏地拥着，一点也不张扬，这便是平平淡淡过日子的姿态吧。幽幽的桂花香气随风飘来，一丝一缕，沁人心脾。

闲暇时分，我喜欢在院子里待着，看花赏景，随便想些什么，或者什么也不想，享受这独有的静谧。莳花弄草可以愉悦心情、丰盈人生。

面对大千世界的纷扰，我们每个人的心中都要有一份谦卑自守，一份从容低调，努力做真实率性的自己。以平和的心态，积极面对生活，会发现不一样的自己，前行之路上的风景是我们成长最大的收获。

前不久在分行大零售开门红启动会上，一首歌伴舞《一路生花》节目精彩，歌词也让人印象深刻：我希望许过的愿望一路生花，护送那时的梦抵挡过风沙……《道德经》有句话："飘风不终朝，骤雨不终日。"风雨过后是彩虹，星空很远，但梦想很近，只有坚守与持之以恒的努力，才能称得上是赢家。

办公桌上的蝴蝶兰隐约可见一个个花苞竞相待放。早上在沿河绿廊河边晨跑时，我惊喜地发现河边的柳条似乎变得柔软了，枝条上不知什么时候冒出一个个米粒大小的嫩芽。是啊，每一粒熬过冬天的种子，都会有一个关于春天的梦想。疫情终将消散，繁花必将如常。兔年的春天即将来临，愿我们都能看到平凡里的微光，静待新年里的崭新阳光。

读《非暴力沟通》有感

韦钰和

最近我看到一本好书,是美国马歇尔·卢森堡博士写的《非暴力沟通》,读后感觉非常受用。马歇尔·卢森堡博士发现了神奇而平和的非暴力沟通方式。通过非暴力沟通,人们可以褪去隐蔽的精神暴力,让爱更加自然地流露。

以沟通去解决问题是个技术活。《非暴力沟通》这本书分析了非暴力沟通模式的四个要素:观察、感受、需要、请求。该书指引我们沟通中不要一味指责对方,而要更多地去剖析自我,找出自身存在的不足,以此实现人们情意相通、和谐相处。

生活中,言语上的指责、嘲讽、否定、说教等常带给我们情感和精神上的创伤,语言暴力会使人们变得冷漠、隔阂。非暴力沟通的方法可以让我们在交流的过程中观察彼此的需求,分享和体会对方的感受,让彼此都能成为被需要的一方,并以请求的方式获得对方的包容和理解。如果关注别人的需求很难,那不妨从关注自己的需求开始。只有明了自己真正的需求,了解自己,才能更好地去理解他人。

阅读此书后,我认识到非暴力沟通的精髓其实就在于关爱自己、关爱他人,理解自己、理解他人。让我们从自己做起,不断完善与他人的沟通方式,在理解和倾听中构建起一个有爱的世界,给世界创造更多和谐与美好。

终身学习,学以致用

祁 磊

"学习是文明传承之途、人生成长之梯、政党巩固之基、国家兴盛之要。"作为步入职场的新人,我始终没有停下学习的脚步。入行数月以来,我通过孜孜不倦地学习、思考、总结,坚持理论与工作实践相结合,努力实现学以致用、用以促学、学用相长,在这个过程中受益良多。

不骄不躁,端正学习态度

俗话说:"好记性不如烂笔头。"随身携带纸笔记录下所思所想,是我工作和学习中一直坚持的习惯。厅堂内客户的合理诉求、柜台内传授的业务知识、会议中领导的良言警句、工作中同事的经验分享,我们都要及时记录下来。走出校园,我们的学习不再仅仅局限在三尺讲台之上,生活和工作中有诸多值得我们学习之处。

以思促学,拓宽学习思维

学而不思则罔,真知灼见常常来自多思善想。在学习中,我们要养成回头看的习惯,阶段性地总结已有的知识。不妨多问自己几个为什么,带着问题去学习,始终保持思想的活力。同时,由于当下的信息总量呈裂变式增长,新知识、新事物层出不穷,我们不仅要全面学习,还要常思考哪些信息是有用、有效、有益的,通过筛选信息,实现高效学习。

学以致用，常读无字之书

青年员工既要向书本学习，又要向实践学习；既要读有字之书，又要读无字之书。轮岗到理财经理后，我时常关注宏观经济状况和市场利率走向，积极在晨夕会上与同事分享学习所得。我们加强专业知识的学习，根本目的在于增强工作本领、提高解决实际问题的能力和水平。随着职业能力的提高，很多客户对我们的专业水平表示肯定，不知不觉间让我们的干劲更足。

终身学习，需要我们将学习看作工作、生活的重要组成部分，哪怕每天只能挤出一点时间，只要坚持下去，必定会积少成多、聚沙成塔。良好的学习习惯一旦养成，就会助力我们在人生中走得更高、更远。

铭记历史，接续奋斗

——电影《跨过鸭绿江》观后感

祁 磊

"打得一拳开，免得百拳来。"七十多年前，为保卫和平、反抗侵略，中国毅然作出抗美援朝、保家卫国的历史性决策。近日，我学习回顾了《跨过鸭绿江》这部历史巨片，其中老一辈无产阶级革命家、军事家的崇高风范和志愿军战士不畏强敌、英勇不屈的战斗精神，让我感触颇深。

我们要铭记抗美援朝时期，为了开辟祖国和平幸福之路而磨破双脚，依然蹒跚前行的战斗者身影。他们为了拓宽这条路而奋力劳作、浴血奋战。志愿军战士是我们的引路人，是身处和平年代的我们要景仰和学习的英雄。

观看影片之余，一个问题始终萦绕在我的脑海中：民族复兴之际，我们应当怎样正确认识、传承、发扬抗美援朝精神？我想，时代在变，但精神不变，抗美援朝精神激励着一辈又一辈共产党人不断斗争、拼搏、前行。如今，我们沐浴在阳光下，也许体会不到朝鲜半岛上饥寒交迫的长夜漫漫，更应缅怀与铭记那段为了和平而不屈不挠抗战的历史。

"一切伟大成就都是接续奋斗的结果，一切伟大事业都需要在继往开来中推进。"在工作中，我们要永远保持不畏艰难的精神，涵养斗争底气、磨砺斗争意志，学习上甘岭战役中志愿军战士的英雄主义和乐观主义，不断打赢关键核心技术攻关和关键服务能力提升的攻坚战。

历尽天华成此景，人间万事出艰辛。让我们承载前人之志，拿出"敢为天下先"的胆魄，扛起民族复兴的责任和担当，坚守金融报国之志，全心全力投身到金融为民的火热实践中。

在工作中遇见更好的自己

曹敏智

最近,我读了《工作是最好的修行》这本书。该书提供了许多关于工作的方法,并引导人们积极地去看待工作本身。读完全书,我更清晰地认识到工作对于人生的意义。

磨炼心性,在认真工作中获取幸福。很多人会把工作当成为拥有美好生活而必须付出的代价。京瓷创始人稻盛和夫却认为,只有在工作中磨炼心性,人生才能体现价值。一个人的一生,工作占据了很大一部分时间,选择什么样的心态去面对工作,将直接影响到我们人生的质量。在我看来,工作是生活的一部分,当下所做的工作就是当下人生的全部。游戏、刷剧、逛街等消遣只能带来片刻的欢愉,而努力拼搏则会给人带来持续的快乐,这是一种厚重的幸福感。当我们学会以感恩之心对待工作,投入工作中的每一件小事,认真地谈话、写字、思考、行动,认真地度过工作的每一天,在一天结束的时候便会有一种收获满满的幸福感。把工作当作修行,我们才能不断提升自己的阅历、能力、见识和智慧。

管理精力,在应对挑战中气定神闲。现代社会节奏快、压力大,对效率的要求也越来越高。积极地管理身体、高效地利用时间、有效地管理情绪、及时付诸行动……这些对于提升个人精力和工作效率都具有重要的意义。《工作是最好的修行》中有一句话让我印象深刻:"在生活和工作中,任何造成你反应过度或者反应不足的事情都可能反过来控制你。"反应过度,比如没有控制好自己的情绪,将消耗很大一部分精力,使得无法专注当下的工作。反应不足,比如对于早该处理的事,由于懒惰和拖延,使事情变得很严重。对问题过分关注或是不屑一顾的人,都无法在工作中做到心如止水、从容不迫,效率也就大打折扣。在书中,我学到了"工作篮"的方法。我们不妨把待处理的事扔进篮里,暂时忘掉它，全身心投入当前工作，一件一件地清空"工作篮"中的事项，成就感也就慢慢累积起来了。

刻意练习，于重复打磨中精进提升。"杰出并非一种天赋，而是一种人人都可以学习的技巧，成为杰出人物的关键，在于刻意练习。"无论是古典音乐家莫扎特，还是小提琴家帕格尼尼，他们在成为各自领域天才的道路上都离不开刻意的练习。书中的观点和案例让我明白，无论资质如何，我们都可以通过刻意练习，获取一技之长。任何人，尤其是青年人，都不应该为自己的懒惰找借口。我们应该把工作当成刻意练习的战场，结合自身岗位要求，找准目标，将每一次工作都视作一次训练，每次都要求自己进步一点点，终有一天会收获技能水平的提升。

人生海海，生命短暂。把工作当成一种修行，投入其中、专注当下，我们终将收获成长与幸福，遇见更好的自己。

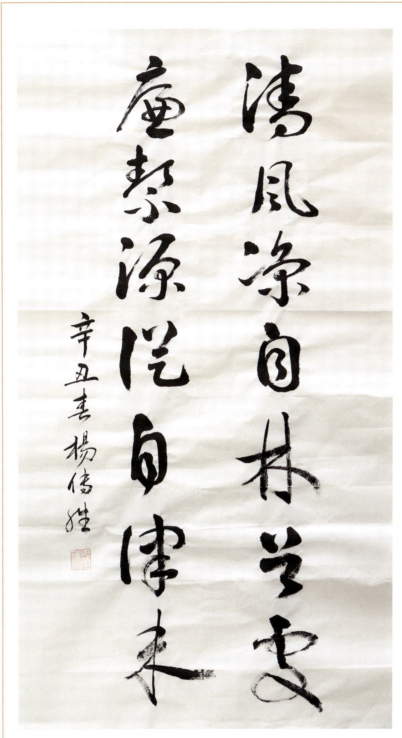

清风凉自林谷出，廉洁源从自律来
——杨传胜作

春之生机——赵真摄

春的畅想——韩悦摄

老树新枝——赵真 摄

海上风车——赵真摄

桂林山水——赵真摄

大红山——赵真摄

江上清风游——钱峰摄

说知心话　办暖心事　做客户的贴心人

陈之佳

最近，我认真学习了"浦江经验"相关文章，对如何做客户的"贴心人"有了更深的感悟。"浦江经验"是习近平总书记在浙江工作期间亲自倡导、亲自谋划、亲自下访接待群众的好做法好经验，也是一项一举多得的有益创举。通过学习，我对"变群众上访为领导下访，深入基层，联系群众，真下真访民情，实心实意办事"的"浦江经验"应用于自己的工作中，有了一些想法和体悟，这里和大家分享。

要说客户听得懂的"知心话"。"浦江经验"告诉我们，面对面做群众工作是最管用的方法，要坚持深入基层、沉到一线大兴调查研究。做客户的"贴心人"，需要我们说客户听得懂的"知心话"。我们要在厅堂服务客户的过程中说家常话，带着感情换位思考，带着温情推荐产品，邀请客户参加网点服务座谈会，更好满足客户多样化的金融需求，让客户的幸福感、获得感和安全感更加充实。我们要在社区服务群众的过程中说大白话，围绕金融基础知识、金融服务政策、消费者权益保护、理性投资理财、防范非法集资、个人信息保护等方向，将老年人、青少年和新市民作为金融知识宣传教育的重点群体，变"群众找知识、群众找政策"为"知识找群众、政策找群众"，帮助社区居民更好体验金融服务，全力守护万家灯火。

要办客户看得到的"暖心事"。"浦江经验"告诉我们，群众的事再小也是大事，要始终坚持人民至上，时刻把群众的安危冷暖挂在心上。近年来，我们打造了系统内首家"消保驿站"，定期接待客户，并在接访前提前10天发布公告，让客户话有处说、难有人帮、事有人管。依托驿站，我们举办了金融消费合规讲堂，发放消保宣传手册，提供便民服务，播放公益宣传片，打造有特色、有实效、有温度的密切联系客户的实践基地。我们做优上门服务，走进社区举办"为民办实事，服务进社区"爱心理发、残损人民币兑换等活动，为行动不便的老年人上门办理开卡、密码重置等业务，赴企业开展"优化企业开户服务"宣传，实打实、硬碰硬、真对真地为群众办实事。我们加大硬件投入，配备健康一体机、AED等设备，全覆盖打造适老网点，针对性打造新文明实践点。走进分行营业网点，这里的便民设施、文明元素让人眼前一亮，"进门就是景、转角遇到美"成为越来越多客户的共同感受。

我们要学习运用好"浦江经验"，在走好党的群众路线中解决群众急难愁盼问题，切实以说客户听得懂的"知心话"、办客户看得到的"暖心事"，推动"浦江经验"在金融服务客户的具体实践中展现出更强大的生命力。

《解忧杂货店》读后感

张 琳

最近我看了日本小说家东野圭吾的《解忧杂货店》，内心颇有感触。

故事围绕一个神奇的杂货店展开。杂货店门口的信箱能够连接过去与现在。一天夜里，三个窃贼误打误撞进入了杂货店里，并发现了门口信箱的神奇。借助超越时代的眼光，他们给予烦恼咨询者人生建议，在帮助这些咨询者找到内心答案的同时，也发现了自我价值，从而实现了自我救赎。

起初阅读时，发现本书是由一个个看似没有关系的故事构成，每个故事都是描述小人物的烦恼和迷茫。然而，读者在深入阅读后，可以发现每个故事之间都有千丝万缕的联系，每个主角的烦恼和选择都会对其他人产生影响，千头万绪最终交织成了命运的樊笼。看起来是三个窃贼给予了主角们人生的建议，但是最终改变求助者命运的还是他们自身的努力和善良。

生而为人，在红尘中辗转沉浮，不可避免地会有各种各样的烦恼和纠结，很多时候我们内心的困惑往往已经有了答案，只不过受到家庭、社会、事业的种种影响，不能下定决心去选择，因而苦恼犹豫。但是现实生活中却没有解忧杂货店这样神奇的地方给我们提供正确的人生建议，这时候就需要我们秉持本心来作出决定，坚定自我信念，努力前行。即使选择错误了，仍可以通过自身的努力去改变。

未来是未知的，但是自我却是可以把握的。认真活成自己想活的样子吧，即便我们遇不到"解忧杂货店"，依然可以信心满怀，走好自己的人生路。

夏日中的一缕清凉

袁 玮

小扇引微凉，悠悠夏日长。少时的记忆中，夏天是最值得期待与欣喜的，那是一段虽然简单却快乐的时光。夏日特有的浪漫，是冰镇后的可乐冒泡的声音，是挑选西瓜时轻轻用指节敲打的心照不宣，是吹着晚风躺在摇椅上的惬意与慵懒，也是在远远传来的蛙鸣中沉入梦乡的舒缓迷离。

然而，伴随着都市的快节奏生活，不知从何时起，夏天原先简单的快乐似乎很难再轻易拨动心弦。直到有一天，我迎来了一缕久违的清凉。

那是一个寻常的夏日中午，正在值班的我接待了一对70多岁的老夫妇。两位老人经常来行里办业务，然而今天二老却有些犹豫地问我："实在是不好意思，我们不是来存钱的，能不能请你帮个忙？"看着颤颤巍巍的两位老人，我连忙引导他们来到尊老专区坐下："不着急，先喝点水，有什么事，您二位慢慢说。"经过一番沟通后我才清楚，两位老人在今天上午接到了原单位的通知，需要在手机上下载APP，进行退休待遇资格认证的操作。两位老人的子女都在外地，平时身边也没什么年轻的亲戚邻居，老两口在家研究了一上午也没个头绪，最终来到了行里向我请求帮助。

了解情况后，我连忙先安抚好二老的情绪，又耐心地引导他们一步步进行操作。期间老人操作不熟练，我一直慢声细语地宽慰他们不要着急紧张。半个多小时后，客户和我都出了一头汗，最终帮助老人成功完成了认证。

一桩心事解决后，两位老人这才放下心来，奶奶更是握住我的双手，连声向我表示感谢："你在平时就对我们这些老年人细心耐心，现在还愿意帮助我们解决生活中的困难，真是太谢谢你了。"那一瞬间，仿佛一阵清风穿过绿荫，吹进心中，夏日的闷热烦躁一扫而空。我突然意识到，幼时那般的简单快乐现在也许很难再体会到，但只要用心，我们同样能在生活与工作的重担中感受到乐趣、惊喜和成就感，挖掘出内心蕴藏的活力、热情和巨大的创造力。

  过往那些看似不起波澜的日复一日，会突然在某一天让你看到坚持的意义。那些被忽略的琐碎和点滴，才是浸透在生活中最明亮的勇气。在这个夏天，我在人生的路上走得更加笃定坚实。

人间烟火气，最抚凡人心

王铁权

"你很辛苦，很累了，那么坐下来歇一会儿。喝一杯不凉不烫的清茶，读一点我的作品。"

——汪曾祺

当今的时代节奏很快，总令人措手不及。我们的时间去哪儿了？我们能不能重新找回生活的乐趣？答案也许可以在汪曾祺的散文集中找到。汪老的笔下都是花鸟虫鱼、乡情民俗、凡人小事，读者读着文字便能够感受到人间烟火气，感受到汪老对生活的热爱，从字里行间窥见自己的童年缩影。

读书，从了解作者本人开始，在知人论世中，我们可以感受到作者的精神世界与生活志趣。很多人评价汪曾祺时，会称之为"中国最后的士大夫"，他风趣朴实的文笔下时常透露出一颗济世之心。他对传统文化的偏爱以及文章中传达的浓浓氛围，无不洋溢着生活的趣味。他的身上有一种文人雅士的闲适从容，实则也经历过大风大浪，但他描述的，依然是人世间的一花一叶，一茶一饭，恬淡中自有一份厚重。

他写人间草木皆有情。有山丹丹、枸杞、槐花、葡萄、木芙蓉，还有夏天的栀子、秋天的桂花、冬天的蜡梅等。我最喜爱的还属桂花，一年秋意浓，十里桂花香。满树金黄细小的花儿，躲藏在枝繁叶茂的绿荫中，调皮可爱，伴随着秋风阵阵，散发出沁人心脾的芬芳，余韵悠长。每每偶遇，我总会驻足良久，看着满地嫩嫩的金黄，鼻尖传来临街铺子桂花糖藕的香气，脑海中有关桂花温柔缱绻的记忆疯狂袭来，多想私藏这份尘世之外的静谧啊！

"桂花美荫，叶坚厚，入冬不凋。开花极香浓，干制可以做元宵馅、年糕。"汪老先生不愧是名副其实的"美食家"，四方食事，不过一碗人间烟火。他写一食一味总关情：山西人能吃醋，辽宁人爱吃酸菜白肉火锅，福建、广西人爱吃酸笋，广东人爱吃甜食，北京人爱喝豆汁儿，中国人口味之杂也，敢说堪为世界之冠。书中提到的端午咸鸭蛋让我记忆深刻。汪曾祺的家乡在高邮，距离我的家乡很近，口味也大为相似。说到高邮的咸鸭蛋，其特点是质细而油多，蛋白柔嫩，不似别处发干，油多尤为别处所不及。待客时带壳切开，摆放盘间。想来真就是这样，参加宴席时，定会有一盘带壳切开的咸鸭蛋，青是青，黄是黄，看着就流口水。平凡的生活看似寡淡，但只要始终保持着热忱的赤子之心，总能在人间百味中尝到生活的美好。汪老笔下的生活，热腾腾的，充满了烟火气。

　　汪老说道："一个人的口味要宽一点，杂一点，'南甜北咸东辣西酸'，都去尝尝，对食物如此，对文化也应该如此。"这番话运用到读书中，告诉我们读书不仅仅要读专业性强的书籍，也要读一些"无用之书"。这些书籍，或许不能提升我们的专业知识，但能够让我们照见自己，获得一种心灵上的慰藉。我们的生活中充满了繁华喧嚣，而平凡的生活情趣和自然风光却可安抚人心。

生命、梦想、爱和幸福

——《成就最好的自己》读后感

陈婷婷

生命、梦想、爱和幸福,这是朱步楼先生在《成就最好的自己》这本书里所围绕的四个主题。

"从婴儿的啼哭、孩童的欢笑、情侣的拥吻、中年人花白的鬓发、老年人额头的皱纹中,我们看到了生命的茁壮成长,领略了生命的无限风光。"生命是该书的开篇,也正是我们人生的起点。在浩瀚的宇宙里,我们渺小得如同沙漠里的一粒尘土,然而,面对"生命"这样伟大的命题,我们不得不在有限的时空里去探寻生命无穷的奥秘,去体验爱与被爱,直到我们发现幸福的真谛,唱响人生的四季之歌,成就最好的自己。

"每个人都有自己的生命尊严和生命诉求,人人都是梦想的筑造者。"追逐梦想的过程往往伴随着一个人的孤独。书中朱先生对"孤独"哲学的解读令人耳目一新。谈到孤独,我们的第一反应往往是比较消极的,总是联想到孤僻、自闭这样的状态,其实孤独并不是形单影只和孤苦伶仃,而是在思想的驰骋中完成自我的塑造。每个人的每一段经历和每一次思考都是不一样的,我们所历经的一切都在不断丰富我们的思想和认知,形成我们的个性和品格,所以朱先生一直在强调我们要享受孤独,就是去享受自我探索和重塑,而不是在喧嚣中随波逐流,成为缺乏个性思考的"空壳"。

"爱,是一种强烈的、积极的情感状态和心理状态。"真挚、深刻的感情是一个热爱生活的人一生的追求,是对自己和周遭人和事物的感知与联系,这样的感情状态让我们不断与这个世界形成连接,让我们收获幸福和温暖。"爱"是一种与生俱来的信仰,生命可以终结,时空可以流转,但信仰却可以超越生死,历久弥坚。由于生命的有限性,人如果总活在"自我"之中,其生命必然缺乏厚度，只有将自己的理想追求与国家、民族、社会的命运结合起来，才能够汲取到更多精神的力量，从而去抵抗内心对自身未知命运的恐惧。

每个人对幸福的定义都不一样，随着成长我们经历人生不同的阶段和时期，身边的人来来去去，我们也在不断地蜕变，对幸福的诠释和追求在不断变化。人们常说，长大以后，幸福变得不再那么容易了。的确，当我们思考得越来越多，我们的个性就愈加鲜明，越发感觉到自己的格格不入，此时我们对幸福才有了更多深刻的思索，也给我们带来了更多惊喜的人生体验。现在很多人把工作当作是一件"不得不"的事情，一些关于调侃工作的网络语层出不穷，"打工人""干饭人""工具人"等等，表达出大家对于工作的一种焦虑态度。朱先生却认为，乐业、敬业和精业也是一种获得幸福的方式，是不断磨炼心智的过程，可以帮助我们形成厚重的人格，以沉稳坚定的姿态面对生活，从而获得自尊和尊严。

历史的兴衰，季节的交替，日夜的变换……世界上的一切事物仿佛都有着周期的规律，而我们所经历的人生也不例外。如同土地所赋予我们春的播种、夏的生长、秋的丰收、冬的休眠，我们从婴童到暮年也经历着四季主题的变换，享受四季带给我们的美好和惊喜：播种的期望、生长的热烈、丰收的喜悦、冬眠的安详，吟唱出属于我们的旋律。

《愿你一生清澈明朗》读后感

徐 帅

《愿你一生清澈明朗》由丰子恺先生所作。该书通过独特的文字表达和幽默的绘画风格，传达了一种对人生的独特见解和积极的生活态度，让我深受启发。

这本书以一种温暖近人的方式引导读者思考人生的意义和价值。它不是一本教你如何成功的书籍，却可以教你如何过得更加明朗。丰子恺先生用他独到的眼光和生活经验，告诉我们如何在喧嚣和纷繁的世界中保持内心的清澈明朗。

书中的每一篇文章都带有作者的真情实感，让人读起来仿佛在听他亲自述说。他以一种幽默风趣的方式，从日常琐事入手，讲述自己的经历和心路历程，在平凡事物中发现哲理，传达对人生的独特见解。这种温和的方式使读者不会感到沉重，反而更容易接受和理解其中的道理。通过丰子恺先生的文字，我感受到他对生活的热爱和独特的人生观。他教会我们如何在繁忙的生活中找到平衡，如何面对困境和挫折，以及如何用乐观和积极的态度对待人生。

在阅读的过程中，我也学到了很多关于生活的智慧。书中提到了许多重要的主题，如友情、爱情、家庭、工作、快乐等，每一篇文章都让我深思。通过阅读此书，我明白了人生的价值不在于追求物质的拥有，而在于对内心的满足和对他人的关爱。同时，这本书不仅仅是一本关于人生智慧的图书，更是一味帮助我们认识自己、理解人生的心灵良药。在阅读过程中，我时常感到自己和作者之间建立了一种默契和共鸣，仿佛他就在我的身边，与我分享他的智慧和经验。

丰子恺先生的《愿你一生清澈明朗》是一本让人重新审视自己、认识人生的精彩之作。我相信，在人生的道路上，只要我们保持内心的清澈明朗，我们的生活一定会变得幸福而充实。

纸上游园　探寻往事
——读《园林有境》有感

王铁权

  中国的园林艺术有着非常悠久的历史，在世界园林中独树一帜，特有的古典氛围和传统韵味总是寄托了中国人对诗意栖居的想象。在交通便利的时代，忙碌的我们却很少能来一场说走就走的旅行，幸好书籍可以满足我们对风景园林的无限遐想。这本《园林有境》，作者陈从周先生，是当代著名建筑学家、园林艺术专家，是张大千的入室高徒、贝聿铭建筑事务所的顾问，是"将中国园林艺术推向世界之现代第一人"。

  先生一生致力于园林与古建筑的保护与修复，书中犀利地指出了当代园林修复存在的问题及方法。全书以中国园林为主题，撷取其代表性篇目，分为上下两篇。上篇"说园"，从造园角度详谈园林和建筑物营造的技法，及其背后深厚的中国文化传统。下篇"游园"，从赏园、品园角度讲解具有代表性的中国名园，深度解析各自风格、景观及造园历史。书中配有数十幅园林实景摄影图，图文映照，使读者身临其境般感受园林美景。

  书中谈到恭王府的建筑，有传说它就是曹雪芹笔下的"大观园"。对我来说，大观园就像海市蜃楼，隐隐而见，不仅具有皇家园林之辉煌气派，同时兼具了江南园林之蜿蜒秀丽。而陈从周先生在《园林有境》中提到恭王府的布局与一般王府并无大异，不过内部的装修特别精巧。由悬"天香庭院"的垂花门进入锡晋斋，是整个王府的精华所在，院宇宏大，洞房曲折。在花园的正中间，是整个王府最饶有山水之趣的地方："其东有一院，以短垣作围，翠竹丛生，而廊回室静，帘隐几净，多雅淡之趣。院北为戏厅。最后亘于北墙下，以山作屏者即'蝠厅'。西部有榆关、翠云岭、湖心亭诸胜。"这位园林大家带领我领略了这些华堂丽屋，古树池石，仿佛又让我看见了栩栩如生的大观园，看见了贾府昔日的荣光。

如果说恭王府是南北名园的综合，那坐落在苏州，号称宋元明清的四大名园：沧浪亭、狮子林、拙政园、留园，是南方园林的典型代表了。陈从周先生谈江南园林多以水为主题。由于得天独厚的地理优势，鱼米之乡的江南人民在造园之时，匠心独运，采用与北方园林大相径庭的手法。对于空间的总体布局和处理，循着"水随山转，山因水活"的基本原则，多以小桥、游廊、花墙、亭台等元素，远远望去不觉一览无遗，使人浮想联翩。夜幕来临之际，狮子林内上演着实景昆曲节目"游园惊梦"——官家千金杜丽娘对梦中书生柳梦梅倾心相爱，竟伤情而死，化为魂魄寻找现实中的爱人，人鬼相恋，最后起死回生，终于与柳梦梅永结同心。这是来自明朝汤显祖所写的戏曲《牡丹亭》的精彩选段，也许正因为在这充满想象而隐秘的特殊场所，才会生发这样一出至情至性的爱情故事。

陈从周先生这本《园林有境》，让我懂得只有了解园林艺术本身的丰富性，才能得其真趣，体会园林之妙。园林之妙，不只是妙在亭台楼阁之间、叠山理水之处、曲径通幽之深，更是能与山水绘画、戏剧艺术、人文情怀紧密融合，这是我们中国文化独特的意境美。这些园林经历过岁月的见证，留给后人无限疑问，它为何而建？如何能留存至今？这中间又发生过多少跌宕起伏的故事呢？我的目光试图透过纸张，透过园林，窥探到千百年前的风景。

《病隙碎笔》读后感

刘 蕾

提到史铁生,令人印象深刻的是他的《我与地坛》,在这本书里他怀念母亲、怀念古园,对话万物、对话心灵,以睿智的言辞和通透的文笔感染并照亮每一位读者的内心。《病隙碎笔》也是史铁生最为经典的作品之一,是记录着他身患尿毒症后,在透析治疗的间隙中坚忍写作的生命笔记。在幽默旷达的行文中,史铁生自由的心灵漫游在世界和人生的无疆之域,照亮了黑夜中我们每一个人扪心自问的人生疑难。

书里没有他遭受病痛的悲观和怨艾,反而有一种不断向上的力量感和蓬勃的生命感,充满着豁达和开朗。即使是谈到自己的病痛,自己残缺的身体,自己不公的命运,史铁生也一样是以调侃和自嘲的口吻进行讲述。在阅读中,常常让人忘记他是一个在轮椅上几十年,如今只能依靠仪器维持生命的人。他是一位文学家、一位思考者,他对生命的思考、对信仰的追求,深深吸引读者融入到那深沉黑夜中的浩瀚心流之中。

他说:"不断的苦难才是不断地需要信心的原因";他说:"人生来就是跟这局限周旋和较量的";他说:"我们的前途一向都隐藏在神秘中,但我们从不放弃";他说:"在思之所极的空茫处,为自己选择一种正义、树立一份信心"。一句句发人深省的文字、一声声直击心灵的呐喊,让我们感受到他对人生命运的探究,对终极意义的追问,是那么深沉博大;而他对信仰的执着,又是那么热烈和富有激情。

史铁生在身体的限制里展现出精神与灵魂的无限可能,他用真实的思索让我们看到,一种向深处探寻的生命力,一种活着的真诚态度,一条少有人走却值得去走的路。

与江苏银行共度最美"拾光"

李 建

"桃李春风一杯酒,江湖烟雨十年灯。"从2013年到2023年,从党的十八大到二十大,"新时代十年"是百度搜索超亿的网络热词,是横跨4 000多个日夜的时间维度,是中国共产党百年华诞的历史见证,是打赢脱贫攻坚战、全面建成小康社会的非凡时期,还是若干个平凡如你我的普通人为梦想奋斗拼搏的青春年华。

青春正逢新时代,这是一件多么幸运的事。金融科技迅猛发展,互联网金融加速演进,绿色金融新风盛起……它们代表着日新月异和瞬息万变,又意味着机遇挑战和时不我待。十年前,25岁的我,初出茅庐,除了感受到躬逢盛世的豪情万丈,更有新时代潮涌下的本领恐慌。难以忘记,第一次和领导去支行附近村部营销的情景,一路上鸡鸣狗吠,有着"左右林野旷,不闻朝市喧"的宁静悠远,但更多的却是乡村和城市之间在金融信息传播和金融服务触达之间的发展鸿沟。当我看到领导很自然地脱掉鞋子、卷起裤脚跑到泥泞的地里与村民讲解银行业务的那一刻,我终于明白,江苏银行所奉行的金融工作的政治性和人民性的真实含义,也让我更加坚定了扎根一线、奋斗基层的信念。

是的,新时代是奋斗者的时代,奋斗有千万种姿态:有烈日之下外拓营销的汗流浃背,也有寒风凛冽早市宣讲的口干舌燥。奋斗又有千万种滋味:有满腔热情被漠然拒绝的心酸,也有真诚服务却遭质疑否认的苦涩。当然,奋斗还有千万种可能:有业务落地领导同事的鼓励赞许,也有江苏银行逐渐被客户和市场的认可肯定。记忆犹新,十年以来,江苏银行一直作为我最坚实的后盾和平台,赋予奋斗者干事创业的底气和能量,让我有勇气在高度里眺望,从故步自封到超越自我;有决心在速度里奔跑,从旭日东升到夜幕低垂;有韧性在温度里成长,从懵懂青涩到成熟干练。

百年大局，我们既是这伟大时代的见证者、亲历者，又是参与者和建设者。作为一名江苏银行人，我深知必须将个人价值提升的鼓点与时代和银行发展的脉搏同频共振。于是，在过去的"拾光"中：普惠金融有我们江苏银行的青年智慧；脱贫致富有我们江苏银行的青年担当；复产复工有我们江苏银行的青年速度。我们不断地在用青春的声音向百姓讲述着江苏银行"金融报国、金融为民"故事。当然，在未来的"拾光"里，我们必须将这份使命故事传承和续写。何以"金融报国"？我们要始终怀揣"国之大者"初心，始终把握江苏银行国企姓"党"的根和魂，要"拿好针""穿好线""绣好图"，拥有大视野、大格局、大担当、大作为。我们要做总分行党委政策的坚定执行者，躬身力行于国之所需。何为"金融为民"？我们要时刻以客户的需求为中心，始终念"民之所忧"办好群众事，要"知愈进""研愈深""行愈达"，在学校企业、街道村部、田间地头"把脉"，打通银行与客户之间的金融信息壁垒，搭建更加敏锐的客户需求体系，把更多更优的金融服务惠及民众，躬身力行于民之所盼。

"在高质量发展征程中卓然绽放金融之美"，这样的诗与远方，一直激励着我们这一代的江苏银行人在青春的赛道上奋楫笃行。新时代的青年们，让我们以青春之名，携手共赴江苏银行下一个更美好的"拾光"！

忆红色初心

程新蕾

来盐后,这是我第三次走进新四军纪念馆,每一次来都怀揣着不同的思绪,每一次来都怀抱着同样的敬畏。在那峥嵘的革命岁月里,这里卷起过波澜壮阔的历史风暴,如今在这片光荣的土地上仍然保留着大量革命遗址和革命文物,为无数人瞻仰纪念。

第一次走进新四军纪念馆是作为预备党员入党宣誓。犹记得那一天骄阳火热,我们一行人来到纪念馆门前,展厅正门上方,醒目的蓝白之间镶嵌着"N4A"臂章图案,两侧是旗形的花岗石阴雕画,有着说不出的巍峨与肃穆。在党旗下,我们举起右手,目光坚毅,铿锵有力的誓言向先烈诉说,你们的意志从不敢忘,你们的精神代代传承。

第二次是带着幼子陪伴父亲再次参观新四军纪念馆,在烈士群像前父亲久久驻足,不肯离去。孩子问我为什么这里的照片本子都旧旧的,我告诉他,那是因为它们经过了岁月的沉淀,承载着太多的悲壮。在那个烽火连天的年代,没有先进的武器装备,没有优越的物质基础,我们的先辈凭借不屈的意志和顽强的信念,在战场上冲锋陷阵,顽强抗争,才有了我们如今的幸福生活。

最近一次是为了庆祝建党一百周年,跟随党支部一起走进新四军纪念馆,在这里我看到胸前挂着勋章白发苍苍的老人,看到戴着红领巾的小学生,还有佩戴党员徽章的年轻党员,每个人的脸上庄严、肃穆。"东进,东进,我们是铁的新四军",昂扬的《东进》曲在展馆里回荡,在每一个人的内心高声呐喊,一幅幅老旧的照片,一个个逼真的场景,兵器上斑驳的锈迹依稀可见,我们仿佛置身于硝烟弥漫的战场,看到他们一个个倒下,又一个个站了起来。

纪念馆外，繁华的街道，车辆川流不息，商贾林立，而他们就掩映在绿茵丛中，幽幽鸟鸣，更添宁静，附近的人们坐在路边的石凳上拉着家常，孩子们欢声笑语来回奔跑，一片祥和，仿佛穿梭时空般，我看到了他们脸上露出了欣慰的笑容。

崇尚英雄才会产生英雄，争做英雄才能英雄辈出。不忘来时路，方知向何行，在重温红色经典中找寻理想，在学习党史故事中坚定信仰，赓续红色血脉、践行初心，是担当，也是使命。新征程上，在这片鲜血染红过的土地，每一个盐阜人都将继承和发扬铁军精神，奋力书写更加精彩的红色大地新篇章。

我的金融"四季歌"

陈之佳

2015年,我作为一名新员工加入了江苏银行盐城分行,充满激情、富于梦想。8年多的时光里,我和周围的同事们攒着一股不服输的劲头,曾骑着小电驴走街串巷介绍产品,也曾熬夜看报表写材料。从事过多个岗位的我,走过尘土飞扬的工地、在田间地头和种植大户聊今年的收成、与私行财富客户谈论黄金基金行情,见证了盐城分行快速发展的8年,如今的分行,已是参天大树、同业标杆。每个时代都有自己的梦想和奋斗,此刻站在新起点上,回首过往点点滴滴,我充满喜悦。

春 之 芽

2015年春天的一个上午,一位客户来到柜台办理业务,在办理过程中我听到今天正好是客户女儿的生日。业务办理结束后,我送给了客户生日祝福,祝她女儿生日快乐。客户满眼惊喜地说道:"江苏银行的服务太温暖了,我替女儿谢谢你!"客户的赞扬,让我心里的花儿发了芽,也许这就是我工作的意义所在。掬水月在手,弄花香满衣,所有的付出皆有意义。

后来,伴随着我从一名对私柜员转变为理财经理,这位客户也从普通的理财客户变成了财富客户,或许这就是长期共赢的伙伴关系吧。

夏 之 火

"这个款你们就给放了吧,反正用的也不是您的钱,我的企业水电费、银行流水都不错!"2018年夏天的我,是支行的综合员兼小微客户经理,一个水杯、一个平板、一个笔记本、几支笔就是我和同事外出拜访客户的行头。微信运动步数连续居于榜首、脚底的水泡、不断替换的笔墨……这些是我们奋斗的见证,我所在的支行也交出了一份优秀的成绩单。

"张先生，真是不好意思，我们仔细调查过了，您这个贷款用途不符合我们要求。"家住阜宁县古河镇的张某是村里的种植户。我们赴乡村开展"新农贷"产品营销，张先生通过宣传单页上的联系方式联系到我们。在实地调查时，我们发现张某所借贷款可能用于小额融资，属于"高利贷"，而不是用于购买种子、农药，并不符合贷款申请用途。于是，出于风险把控的考虑，我们暂停了该笔业务。

记得当时的行长曾和我们这么介绍风险防范，"要树立前瞻思维，将事后'救火'转变为事前'防火'"。或许我们失去了一笔业务，但却也可能为未来挽回一笔损失。

秋 之 果

2019年的秋天，我和同事们一起参加了总行"微课大赛"，从课程脚本设计到具体内容磨合，最后到微课成型，还记得在集中培训的时候与同事一起吃饭聊天、谈论明天的工作。我们的微课作品不负众望，喜获奖项，我们的微课团队也被评为"金牌微课开发团队"。

从一个金融新人到一名合格的金融从业者，一路走来，收获满满。我们通过努力奋斗，在"盐城市优秀共青团员"评选、中国金融思想政治工作研究会征文、当地人行和银协"金融系统征信知识竞赛"等活动中斩获各类奖项，拼搏的年华里收获了丰硕的果实。

冬 之 藏

2021年，我进入分行后台部门工作，从事过消保、党建、秘书多个岗位，我时而是党史展的策展人、图文编辑者，时而是各大共建活动的主持人，时而是消保工作的讲师。我参与筹办了苏银乡村振兴共富发展基金会，开展丰富多彩的各类党团活动，一些活动也得到"学习强国"、省市级媒体报道，在分行的高质量发展中贡献着自己的青春力量。

进入"冬之藏"，也就是总结、积累、提升。31岁，人生半熟，对于未来的路，我的内心更加笃定和清醒。"路虽迩，不行不至；事虽小，不为不成。"人生八载，与江苏银行相伴，我在这里学习、成长、蜕变，始终热爱、心存感激。我知道，这场相遇只有起点，没有终点，还有更多的"四季"，更多的"十年"。

变

陈拥军

时光荏苒,最近十年,江苏银行发展变化巨大。一代又一代的盐城分行人,也紧跟时代脚步,不忘初心,接续奋斗,勇于创新,苦干实干,谱写了新时代新发展的壮丽之歌。我看这十年,分行发展故事很多,撷取一二与大家分享:

一是数字变了。这十年,分行经营发展变化巨大,单从存贷款数字上看,分行各项存款余额约900亿元,是十年前的4倍,各项贷款余额近千亿元,是十年前的8倍,其他总行考核的各项经营指标都比十年前大幅增长,综合考核连续6年居总行考核前列。在支持地方经济方面,分行表现也十分突出,存款贷款总量从十年前的中等水平,跃居全市第二、第三位,对地方经济的支持实现全方位全覆盖。新产品层出不穷,开发了诸多首创的金融产品,以适应不同时期企业客户的金融需求。如今,盐城分行的市场美誉度、企业满意度不断提升,连续4年荣获综合考核第一等次,在人民银行和监管考核评价中连续获得A类和好评,成为支持全市经济发展的主力军。

二是人头变了。这里所说的人头是指我们的队伍,这十年分行的干部员工队伍变得更年轻、更壮大、更有战斗力了。这十年,一大批老员工光荣退休,一大批充满朝气和活力的大学本科、硕士研究生员工陆续入行入职,甚至有博士生入职分行,员工队伍年轻化、知识化全面提升,分行员工队伍中大学生员工占比在十年间增长三倍。人才是第一生产力,高素质的员工队伍是分行最大的发展动力。这十年,分行干部队伍建设是我们持续稳步发展的重要保证,通过各种途径考察考核,我们选拔了大批德才兼备的优秀员工充实到各层级领导岗位,目前80后的年轻干部占比达到三分之二,年轻员工的提拔进一步激发了分行经营发展的活力。

三是面貌变了。现在，无论是走进我们的支行网点，还是分行大楼，给人的感觉都是窗明几净、环境优美、耳目一新。这十年，分行持续推动网点建设的标准化、科技化、人文化，增强客户来行办理业务的吸引力和归属感。分行营业部是"中国银行业文明规范服务五星级网点"，是盐城市新时代文明实践点。分行干部员工的脸上充满了自信和阳光，大家团结一致，苦干实干，心往一处想、劲往一处使的氛围蔚然成风。

这十年，分行的发展变化很多，大家有目共睹，不再一一列举。十年巨大成绩的取得，靠的是总分行党委的坚强领导和一代代盐城分行人的共同奋斗。展望未来，新一代的盐城分行人将继续坚守金融为民初心，发扬四敢精神，为全行高质量发展创造更大辉煌！

跨越二十年的牵手

梁 燕

记得是多年前一个深秋的傍晚，那时我调至江苏银行盐城泰山分理处工作不久。

当时天已经完全暗了下来，外面的雨淅淅沥沥下个不停，挂在墙上的时钟指针到了 17：55 的位置，我们几个柜员小声嘀咕着："终于可以缓口气了，这天气估计没客人再来了。""能准备轧账了。"这时，一个身影出现在大门处，是个女人，脸上写满了憔悴。"还能取到钱吗？"女人小心翼翼地问道，声音低到只是勉强能够听见。

"能呢，当然能！"我抢先回复，当我把她要取的 30 元钱递给她时，随口问了句，"今天怎么这么晚？"她唉了一声，"孩子说，明天想吃点肉……"说完，人就消失在门外。

女人姓王，不到 40 岁的年纪，分理处的人都叫她王姐。搭班的熊会计跟我说："她是城北的缫丝厂下岗的，老公身体也不好，孩子正是长身体的时候。"因为临柜的原因，我和王姐时不时会碰上面，慢慢地就熟悉起来。

我和同事们都希望能帮助她做点什么。过了不久，江苏银行推出了创业小额贷，我们几个柜员几乎是同时想到了王姐。王姐听到这个消息时，眼里闪着希望，但又有几分忐忑，她牵着我的手问："我一个下岗女工也能拿到贷款吗？"当我们分头协助王姐拿到行里的 1 万元小额贷后，"王姐快餐店"就顺理成章地开张了。那天，王姐和我们几个人的手紧紧地拉在一起，脸上也露出了久违的笑容。

王姐是个能干的人，经营的快餐店饭菜可口，价格公道。我们几个自然而然地成了常客。工作日的中午，热腾腾的三菜一汤都会准时送到分理处大堂；周末聚餐，快餐店里也少不了我们的身影。王姐店面越开越大、生意越来越好，我们分理处的几位是看在眼里，乐在心里。

2010年，我去一个新的网点做理财经理，王姐居然成了我的第一批客户，从几万、十几万的理财产品，到一些大病医疗、养老保险，她总是时不时搭着买点，还帮我介绍了一些她过去厂里的工友，看得出来，大家过得都不错。

那一年，还是一个深秋，王姐风风火火地找到我，牵着我的手跟我商量，说她在城北的房子太旧，配套也跟不上。她在城南看中了一个学区房，孩子20多岁了，要为将来的孙辈着想。那阵子，我又成了王姐的财务顾问，将江苏银行最优惠的房贷推荐给了她，圆了她的购房梦。在与王姐的交谈中，我感到王姐对城北其实有着深深的眷恋，用她自己的话说，"在那儿生活几十年了，人也熟，总是有感情的。"

今年，我调到了盐城分行担任财私顾问，又是一个深秋，王姐找到我，原来是她在城北的房子要被征收了。说实在的，城北地区改造的事儿我是知道的，但我从王姐的话中得到了更真切的体会。

"低矮破旧的房子将来会变成适宜居住的现代小区，我们的生活一定会越来越好的。"王姐说这句话时显得特别铿锵有力。

我问王姐："你不是搬到城南了吗？"

"话可不能这么说，城北我也有家，那儿是我们的根。现在城北条件那么好，我还要搬回去住的。"临离开时，王姐紧紧牵着我的手，不忘跟我大声一句，"剩下的钱，我还是要存你们江苏银行。"

年终决算与狮子头

李 东

每年12月31日，是银行的年终决算日。我参加过人民银行、工商银行以及我们江苏银行近30次的年终决算。银行人都知道，这是一年中最忙碌的一天，必须把所有账目毫厘不差算平并结转至新的一年，这一年才能画上圆满的句号。

20世纪80年代初，基本没有计算机，年终决算几乎全靠手工作业。算盘是最重要的计算工具，所有企业账户的积数要用算盘计算，所有企业账户的余额要靠手工誊写到新账页结转下年。这一天，所有后台人员全到前台帮忙，算盘声响彻大厅，等到账平表准，雄鸡报晓，天也基本亮了。

20世纪90年代，计算机开始普及，但支付结算还没有如今发达。异地跨行结算还得依靠"天上三秒、地下三天"的电子联行汇划，若有结算资金要在年终决算日到账，只能由人民银行各级行增加票据交换场次才能实现，因为财税国库参与，年终决算工作还是要通宵达旦。

随着信息科技的快速发展，银行电算化水平不断提高，年终决算更加科技化、智慧化。如今，年终决算相关的账册、报表都由电脑自动生成，运营由后台集中处理，财税库行有力配合，网点年终决算时间越来越提前了。虽然工作量相对减轻了，但年终决算清产核资、现金盘点、账实核对、重要单证核查等每项工作、每个环节，仍然体现着银行工作人员严谨认真、精益求精、团结协作的优秀品质。

年终决算除了团结一心的忙碌，还有一顿美味而热闹的"年夜饭"。20世纪80年代初，临近决算日，行里会提前让食堂备上猪肉，准备好四菜一汤的除夕大餐，其中红烧青菜狮子头让我刻骨铭心，一个狮子头足足有三两肉，又大又圆，正如我们每一个年终决算日的收官那样圆满。决算日晚上，所有人围坐在餐桌前，怀着满心的收获和喜悦聚在一起，热热闹闹吃着团圆饭，一起奋战着跨年。

我是银行人，我爱年终决算的忙碌和严谨，我爱年终决算通宵达旦的团结协作，我爱年终决算大大圆圆的"狮子头"。

年　味

李　建

　　季羡林先生说：年，像淡烟，又像远山的晴岚，我们握不着，也看不到，但它走来的时候，只在我们的心头轻轻地一拂，我们就知道，年来了。一脚踏进腊月的门，年就生了翅膀，嗖地一下，落在了枝头上，银行的年味是络绎不绝的客户送来的。

　　今年的春节与网点所在的城北拆迁资金兑付撞了个满怀，因而显得格外忙碌。早晨七点多的营业大厅，已是人头攒动，热闹非凡。忙忙碌碌，眨眼今天已是元宵节，按照老祖宗的习俗，过完元宵节才算过完年，忍不住提笔赶在大年过完前，好好地赞一赞我们营业部的三位老伙计！

　　他，56岁，入行已经30余年，在银行里也算得上是老革命了，同事们都亲切地喊他：茆大爷。茆大爷指导客户填单顺势拉家常，"我家存款利息高"，"你们村里的谁谁谁是我从小玩到大的兄弟，存我们这边心放肚子里"，这些显山不露水营销话术手到擒来。他身上那种天然的随和与热心，让上门的客户总是在3分钟内跟他热乎起来直接称兄道弟。遇上定期存款支取的客户，茆大爷使出利率对比、人情拉拢、现身说法等各种招式，把客户留下来。今年过年期间，由于厅堂人多，加上营业部人手紧张，茆大爷主动请战连上半个月的班。

　　他，同样也56岁，可他办起业务来认真的样子，你根本意识不到这是位老同志。由于董会计的年龄比茆大爷略小，因而我们小年轻都爱唤他"董二爷"。说起二爷，他真是勤勤恳恳如老黄牛一般。作为一名老同志，他从不端架子，厅堂内外环境卫生总是跟年轻人抢着干。自助加钞机密码是二爷保管的，不管是节假日还是轮休，ATM缺钞时都是一喊就到，所以他基本是无休的状态。即使是这样，二爷从来没有抱怨过一句。有时运营主管都不好意思了，他总是乐呵呵交代一句：没事，我家离得近，你有什么事喊就是了。除了这些，董会计还是厅堂里的营销主力军，客户进了厅堂，从开卡到手机银行到理财产品推荐，一气呵成，今年网点理财客户"6660计划"在总行通报中名列第四，可少不了二爷的功劳！

最后一位，老孙，虽然才48岁，但也是一名银行的老战士了。别看老孙坐在柜台上，营销能力可一点都不差，关键是他脑子转得可快了。同事们经常拿他开玩笑，说他不愧是孙悟空的本家，猴精猴精的。每次下发竞赛任务时，他总要想一些非常切实可行的金点子。年前最后一个星期，老孙每天都是兢兢业业、勤勤恳恳忙到2点钟才吃午饭，他一个人储蓄业绩每天沉淀1 000万元以上。年轻的小同志知道他血糖高，加上前两年肋骨骨裂手术尚未完全恢复，中途想换他休息，他总是来一句：轻伤不离战场，还是要为咱们新洋的荣誉拼一拼！

对于大多数人来说，年味是家人围坐灯火可亲，是丰盛菜肴醉人美酒，而银行人的年味，更多是不打烊的坚守、忙碌和责任。

张奶奶一家的"云团圆"

王嫣然

"新年好!牛年大发!"

随着卷闸门缓缓升起,大家的脸虽然被口罩遮挡,但眼中明显都漾着浓浓的欢喜与笑意。大年初一,盐城亭湖支行的大厅里挤满了客户,热闹非凡,工作人员给每位进门的客户递上糖果和大糕,寓意新的一年甜甜蜜蜜、步步高升。

大年初一来银行办理业务的基本上都是定期储蓄客户,有的是一大家子欢欢喜喜来到银行网点,怀揣着一年辛苦攒下的钱,存成一张张存单。彩色的礼仪存单给他们传递着幸福,存下了积蓄,也存下了希望。还有独自前来办理业务的客户,多是上了年纪的老爷爷老太太,我看到了张奶奶也在,她是网点多年的老客户,儿子儿媳也是我的理财客户,可以说是我们的老熟人了。

"张奶奶,新年好啊!今天来存钱呀?""是啊,有张存单到期了,我再加三万继续存!"可叫到张奶奶的号之后,打开小包发现身份证忘记带了。"小美女,你们是12点关门吧?我回家拿了身份证再来。"等到张奶奶取了身份证来存好后已经快要到12点了,这时我随口对张奶奶说:"家里吃午饭该等着急了吧。"没想到一听这话,张奶奶却叹了口气:"唉,今年只有我和老头在家过年。为防范疫情,儿子一家响应号召在外面就地过年啦,大家一起努力讲秩序,不乱跑,不给国家社会添乱,疫情才能早早结束!就是一年没看到我的小孙子咯。"

我看到张奶奶流露出的对家人的思念,突然想到,爷爷奶奶不会用手机,只能打电话听一听声音,可我有张奶奶儿子的微信呀,不如我与他来个视频通话，让张奶奶看一看家人们。随后我立即联系了张奶奶的儿子吴大哥，拨出了视频通话，千里之外的儿子儿媳还有上初中的孙子忽然出现在了眼前的画面里，还和自己拜年呢！"奶奶，祝您身体健康长命百岁！你看看我这学期的奖状！"张奶奶看着自己的家人，笑得合不拢嘴。虽然相隔甚远，但得益于网络，思念和情谊丝毫不减，"云团圆"也温暖。

张奶奶一家在互相的关心与嘱咐中恋恋不舍地挂了视频，张奶奶和吴大哥不断对我说着"谢谢"，看到他们的笑脸，我觉得这个大年初一更加有意义了。张奶奶回家前，我在门口送她，对她说："奶奶，明早还是我值班，您让爷爷也过来，让爷爷也和儿孙们在网上见见面！"

早

孟 娴

凌晨五点半的天空

  一阵寒意袭来,揉了揉睡眼惺忪的眼睛,掀开被子,耷拉着脑袋晃到窗前。推窗,欣喜发现凌晨五点半的天空:晨曦晕染的云层密布在天空上方,金色的光芒像水一般渐渐地在云层中铺开,漫向天际,由近及远,由密及疏。眺眼望去,稀稀落落的灯光,一盏、两盏、三盏……点缀着尚未苏醒的清晨,早起的人们已经开始为新的一天忙忙碌碌了。

凌晨六点的门外

  天色渐亮,老远就听到楼下电动三轮车"碾压"过缓冲带发出的"咣当咣当"声,那是玻璃瓶相互撞击发出的声音,应该是楼下送牛奶的阿姨来了。几分钟后,我听到电梯门缓缓打开,随后急促的脚步声止于门口,应该是阿姨从袋子里取出一瓶牛奶,放在门口,耳边传来牛奶瓶端放在地上发出的清脆声。又一阵"悉悉窣窣"的脚步声,电梯门缓缓关上。

凌晨六点半的人们

  凌晨六点半,楼下的世界开始热闹起来。载着宝宝上学的父母、刚刚锻炼结束回家的老人、坐在休闲区闲聊的大妈、便利店门口进进出出搬货的大哥……每天凌晨六点半,都会有一对老夫妻经过楼下。这对老夫妻特别有趣,奶奶虽然身材有些臃肿,但走起路来风风火火、特别灵活;爷爷纤小瘦弱,每天都与奶奶保持着一米左右的距离,不紧不慢地跟在奶奶身后,两个人很少交流,但每次从菜场回来两个人双手都拎得满满当当。

  生活很平凡,我们每天都在周而复始地过着同样的日子、做着同样的事情;但是生活也很有趣,只要我们拥有善于发现的眼睛,就能抓取到很多身边的小幸福,为平凡的日子增色添彩。

春

王诗奕

春天在无数人的企盼中悄然而至,她将一缕缕阳光携着母亲般的温暖撒入人们心扉,悄悄地在你耳边诉说着希望的故事,慢慢地唤醒你内心深处的美好,缓缓地在你眼前勾勒出明天的轮廓。如约而至,温暖如初。

春天的气息浸满了整个县城。阳光灿烂,抚照在身上暖暖的;天空湛蓝,干净得连片云彩都没有。沿着公园的小路,各种颜色的花儿映入眼帘:金灿灿的迎春花在春风中摇曳,传递着希望;樱花在肆意地怒放,仿佛把憋了一冬的劲儿都使出来了,游人都被她们迷得不愿挪步;梨花在嫩黄的芽儿中安静地绽放,一团团一簇簇,在春风中微微地婆娑着;远处的玉兰花在优雅地盛开,仿佛一只只在树上停歇的白蝴蝶,在春风中轻盈摇摆;路边的蓝色小野花,密密麻麻地点缀在嫩绿的草丛中,是那么的俏皮、可爱……蝴蝶在花间悠然地飞舞,蜜蜂在花间嗡嗡地忙着采蜜,游人在花间驻足欣赏,流连忘返。

一陂春水绕花身,花影妖娆各占春。

春天的池塘里被春风洒满了花瓣,布满了崭新的荷叶,碧绿的水草在水中招摇,成群结队的鱼儿在水中嬉戏,偶尔从角落里传来几声青蛙的叫声,原来池塘里也是一个热闹的世界。孩子们在池塘边掬着水、寻着鱼、嬉笑着,还有几个孩子坐在池塘边的石头上,噘着小嘴吹着泡泡,五颜六色的泡泡在春风的鼓动下越飞越远,孩子们伸着小手、跐着小脚追赶着……

伴着孩子的笑声,徜徉在花海的世界,每个游人都抛却了烦恼,只有眼前的美好。

春天是绚丽多彩的，是婀娜多姿的，是生机盎然的。春天更是密布希望的崭新的开始。春天是"野火烧不尽，春风吹又生"的坚韧固执，她在春风里讲述着勇敢逆行、催人奋进的故事，她在春风里装点出奋发生长的迎风绽放，她在春风里传递着守望相助、共渡难关的温暖，她在春风里汇聚的是众志成城、共克时艰的磅礴力量！

春天萌动，万物复苏，希望就在前方。

读红色经典　做红色传人

——读《总不要辱你老这块肉与这滴血，还要在世界上放一个特别光明》有感

柏　楠

翻开《红色家书》，读到向警予致父亲向瑞玲的一封信《总不要辱你老这块肉与这滴血，还要在世界上放一个特别光明》。这封信是向警予1920年8月在法国写给父亲向瑞玲、母亲邓玉贵的一封信，表达了思念亲人的心情，抒发了献身革命的情怀。

信中有一段这样的话："我的爹爹呀，不要愁，你的九儿在这里，努力做人，努力向上。总不要辱你老这块肉与这滴血，而且这块肉与这滴血还要在世界上放一个特别光明。"向警予同志于1928年3月由于叛徒告密被捕，5月1日在武汉就义。

向警予同志出生于湖南溆浦商会会长之家，自幼受兄长影响追求新知识。在有迹可循的史料里，是中国共产党唯一的女创始人。从信中可以看出，这与她成长的环境、家风的熏染是分不开的，父亲对其做人的教导深深地影响了她的成长。

这位心中装着中国革命解放大业的女性还给儿女们写了几首充满母爱柔情的儿歌，其中的一首这样说："希望你像小鸟一样，在自由的天空飞翔，在没有剥削的社会成长！"1928年，在向警予英勇就义前，留下了遗言："人都应该珍惜自己的生命，然而到了不能珍惜的时候，只有勇敢地牺牲自己。人总是要死的，但要死得慷慷慨慨。"英雄先烈视死如归，生的伟大、死的光荣，家国情怀的家风代代相传。

读红色经典 做红色传人——读《总不要辱你老这块肉与这滴血,还要在世界上放一个特别光明》有感

我们并不是生活在和平的年代,我们却庆幸生活在一个和平而富强的国家。今天的美好生活,是无数革命先烈为共产主义事业前赴后继、舍身忘我,用鲜血换来的。作为江苏银行的共产党员,我们更应该立足本职工作,发扬红色精神,通过江苏银行这个平台,实实在在服务客户,服务企业,回馈社会。

读红色经典,做红色传人。一百年峥嵘岁月,一百年砥砺前行,一百年风鹏正举!中国共产党走过的一百年,壮丽山河发生了翻天覆地的变化,曾经的枪林弹雨,曾经的异国铁蹄蹂躏,这些深深的历史记忆将促使我们更加努力走向成功,走向辉煌!

养花人小记

孟宁静

四月的盐城,樱花飞舞,浅粉的花瓣散落一地,微风袭来,汇成了粉色河川,陶渊明文中的"芳草鲜美,落英缤纷"大概就是这般模样。

与樱花浪漫格格不入的或许是年宵花此时的凋落:我家中的金桔树果实一个个掉落;仙客来的颜色不似从前娇艳;蝴蝶兰的花瓣开始蜷缩。作为养花新手的我,在一股焦虑的情绪下开启四月养花人忙碌的模式,浇水、插杆、修剪、换盆。一番忙碌下来,整个人的脾气都温柔了些许,似乎更能参透汪曾祺的那句"如果你来访我,我不在,请和我门外的花坐一会,它们很温暖"。

古人说"雨生百谷夏将至",伴随着的谷雨节气的到来,细细密密的雨丝,柔柔美美地飘散,谷雨惜春,犹未为晚。月初还是花苞的栀子花,不知什么时候已悄然盛开。看着自己阳台摆弄的花草,我能感受万物生长的生命力量,绿叶萌芽,花蕾孕育,人养花倾注的是时间,而花养人更是滋润着心灵。激情的夏日已经在路上,期待下一场花期的盎然绽放,愿你我都能拥抱最美的时节。

柘木树下

朱守军

又到清明，灌河南岸正处在冷暖季节的岔口，村里这棵百年柘木树已经涂满了全新的釉色，叶片厚重的油彩点缀在枝条曼妙的风姿中，轻抒着唯美的时光。我静静地伫立在她的旁边，虔诚地翻阅她每一页刻录的书简。

也是清明，若干年前，我们红领巾汇聚树下，聆听过一段血雨腥风的往事。柘木树记得，1948年中秋夜，北岸国民党反动派借我们往响水口运盐之机，伪装成民船，偷渡入村。民兵队长周开成寡不敌众，牺牲在柘木树下。我们都曾亲手抚摸过敌人砍杀英雄时留在树上的刀痕，并从那时懂得了洪茂庄改为开成村的由来。烈士在生命的纸张上，拒绝写下屈服，他在黑暗中的光明故事，让我们自豪：洪茂庄有革命丰碑，开成村是红色土地。

丹心写长卷，柘木树镌刻的章节，都是时代的视觉符号。这里有丁头舍唤醒民众反抗压迫，寻求解放的明亮灯光；这里有田野上"愚公移山，改造中国"战天斗地的万丈豪情；这里有包产到户，仓廪殷实的丰收喜悦；这里有高举旗帜，从小康奔向现代化的坚定信念。这些历史图谱，都可以在我脑海中找到具象。我看见，前方战事酣，妇女主任田万英肩挑背扛，跟随大军三寸金莲走淮海；我看见，开成河上，节制闸下，生产队长高从荣撬开冰凌，潜入涡流排险情。我记得老支书从山爷爷兴修水利振聋发聩的号召，我记得后任支书其生老哥"脱贫一户不能少"掷地有声的誓言，我记得现任支书伟标同学拎着挎包远去外地招商坚毅辛劳的背影。

即使无尽的语言，也无法描绘柘木树历经的风霜雨雪。这片沃土上一代又一代人，喝着灌河水，手持柘木镰，放牧四季阳光，收获万顷金黄。少年的我，只知道在柘木树下，和小奶羊顶犄角，和白头鸭赛歌，无忧无虑。现在我明白，柘木树见证的那些年复一年的耕耘，就是他们要决定性地改变贫穷与落后，回敬傲慢与偏见；他们超越自我，蔑视犬吠，不信别人的天空月亮更圆；他们穿着舒适的鞋履，昂首阔步迈在属于自己的康庄大道上。我深深地感到，一片柘树叶就是一枚奋进的书笺，所有叶脉纹路上，写满了战斗的青春，这些已经演化为会呼吸的文字，把每一个经过的人都塑成了泼墨美丽乡村的书画家。

　　我一直致力于读懂柘木树下的故事。多少年来，家乡的农舍、炊烟、阳光、潮汐、旧事、风情，有时模糊而遥远，有时似云影掠过。唯独柘木树，永久挂在我时间的墙壁。我的赞美匍匐一地，我敬仰她的外形，一如她别名"战战棘子"，主干和分蘖长满了钢针般的芒刺，那是斗争的象征。一些觊觎她浆果的，诸如乌鸦之类不怀好意者，飞不进她的枝丫，黄鹂、春鸠这些大自然的歌手，可以任行在她的棘间，云雀更能自由地站在她的指尖，激凌凌地飞向天空。我敬仰她的内心，她没有年轮线，鹅黄色的芯材有每隔 5 年长出的一条金丝，纯粹得让人心醉。她温柔地记着树下每个孩子银铃般的乳名，看着他们一个个长大振翅高飞。

　　柘木树也在问我，你是否还是那个晶莹少年？我半生归来的烟火，只有一个闪亮的灵魂。我写下的人生，没有一枚隐性词语。我出演的镜头，从未进入默片时段。我以负重前行的影子和蓊郁葱郁的生命，用一纸情深意长，将交加的风雨和凝重的雪霜誊印在档案中，默默地沉入心底，但愿一万年后，它也成为琥珀。我想说，树下那个被斑驳阳光照亮的少年，在青春作线的锦绣流年里，有过无数次源自胸腔的怒放。他像身边的柘木树，不与钻天杨、臭椿树在天空见高低，不与牛筋草、狗芽根在地面争范围，不与狐尾藻、马米眼子菜在水里比惬意。柘木树下的儿女，自有他的品格，只在熔炉里锻造，不在染缸中浸淫。柘木树下的儿女，自有他的情怀，凭海临风，英姿勃发。阅尽千帆，岁月犹长，他仍须努力将未来装帧完美，让自己不留缺憾。

　　清明的风，拂面而来，柘木树仿若被撞了一下腰，甜蜜地轻颤，那一朵朵花蕾像少妇的粉拳，嗔叩着春天的门楣。抬望眼，千年灌河，浩浩荡荡。柘木树下，风展红旗如画。

奋斗百年路 启航新征程

王 丽

一百个春夏秋冬，一百年生生不息。中国共产党历经沧桑，经历了初创的艰难，武装斗争的发展，北伐战争的洗礼，土地革命的探索，日寇的清扫围堵；经历了社会主义道路的曲折发展、经济特区与改革开放的创新、跨世纪战略的制定；经历了全面小康建设的开启、脱贫致富的智聚群力、新冠疫情的多方挑战，中国共产党一次次面临重要挑战，一次次进行历史抉择，又一次次实现自身的突破。

征程百年，在历史的记载中，那些字迹斑驳，那些如影随形的记忆似猛然抬起的水闸，波涛汹涌地出现在我们的眼帘。

生如逆旅 一苇以航之百年征程

酣睡的山野，醉眼惺忪，生灵涂炭，山河破碎。

历次，反对外国侵略战争也好，太平天国的农民起义也好，戊戌变法维新运动也好，无数志士仁人为此抱憾，就这样，在见证清王朝覆灭之际，历经万千，最终等待到了与世人的见面。

小小的红船，承载千钧，播下了中国革命的火种，开启了中国共产党的跨世纪航程。这一日，犹如燃起的一把熊熊火炬，给近代饱受战乱、灾难深重的中国人民送来了光明和希望。

这一路，是雪山草地的二万五千里长征，饥寒交迫；是点燃"武装割据"之火的井冈山，血雨腥风；是重兵之下的四渡赤水，迂回穿插；是物资短缺的延安窑洞，自力更生。

这一路，是写满萧条的军阀混战，阴霾密布；是烧杀掳掠的穷恶日寇，围追堵截；是紧密合作的社会各阶层，初见晨光。

历经沧桑，终究都抵不过你的步伐，那些萧条、落寞、无法做主的岁月，都已走过。

这一路，是新中国的成立，举国欢庆；是社会主义道路的不断探索，蜿蜒曲折；是"一国两制"的首次提出，步履统一；是改革开放的伟大创举，关键抉择。

这一路，高举党的旗帜，背负希望，浴血奋战，勇往直前，风雨过后终将是一个强盛的天空，这一路，是中华民族伟大复兴之路。

心之所向　素履所往之百年魅力

千秋伟业，百年恰是风华正茂。无数志士仁人，追寻你的脚步，坚如磐石。这盛世，果如先烈所愿，但这盛世，无数志士却未能相见。

他是军需处长，面对雪虐风饕，舍身忘我，最终冻死山野；她是赵一曼，面对残酷刑讯，始终坚贞不屈，英勇就义；他是"狼牙山五壮士"，掩护主力，退至悬崖，毅然砸枪跳崖；他是张富清，六十多年深藏身与名，坚守初心，不改本色。

回想起革命老区的他们，军民水乳交融，生死与共铸就的沂蒙精神；回想起"为有牺牲多壮志，敢教日月换新天"浴血奋战的他们，同仇敌忾，奏响了气壮山河的英雄凯歌；回想起延安城门的络绎不绝，奔走而来的他们，燃烧着满腔热血。

他，她，他们，也许平凡，却是真正的英雄，是众多追随者的缩影，风雨同舟追随你，等待你展翅翱翔的日子。

鹤鸣九皋　声闻于天之百年精彩

"大鹏一日同风起，扶摇直上九万里"，从稀少的自行车至满街的小汽车，从迟钝的绿皮火车到风驰电掣的中国高铁，从泥泞的羊肠小道至川流不息的宽阔公路，一个个圆梦工程铺展宏图，让古老的中国重新焕发活力，日益走向世界更大的舞台。

这里有延绵万里的中国路，挂壁悬崖，跌进自然，横跨广袤平原，穿越沙漠戈壁，领略天山险峻，纵观瀚海浩荡。

这里有呼啸而过的中国车，日行千里，奔逸绝尘，尽揽西部风情，跨越冰山雪地，穿越繁华都市，纵横田野阡陌。

这里有天堑变通途的中国桥，翻山越岭，跨海跃江，连接山高水激，汇聚东南西北，春观烟雨柳堤，冬赏断桥残雪。

这里有众志成城的中国人，万众一心，自强不息，传承上下五千年，当新冠肆虐，"雷神山""火神山"的"建设速度"，党员干部、医护人员、公安干警冲锋一线的"支援速度"，迅速筑起了"全民抗疫"的屏障，世界为之剧震。

"骐骥千里，非一日之功"，一个个超级工程已经成为中国的新名片，这就是中国速度，向着伟大的梦想，铿锵的脚步，自信，前行。

回望走过的路，有南湖那支小船、随风逐浪；有漫漫长征路，步伐坚定；也有新时期的明灯，指引方向。一切向前，走得再远，也不能忘记走过的路；走得再快，也不能忘记为什么而出发。身处盛世的我们虽然早已远离硝烟，仍需传承最初的精神，莫忘烈士鲜血满地，坚定信念，勇往直前。

与你同行

程新蕾

一月
你沐浴细雨向我走来
七月
我迎着朝阳奔你而去
十四载改革变迁
你在风雨兼程中不断超越自己
奋力开航
十三载无畏前行
我在浪涛中接受你的锤炼洗礼
静静成长

秉承融创使命
用汗水浇灌前行的道路
看看
你撒下的种子已然成长茁壮
怀揣炙热梦想
用青春追赶你的脚步
回望
我以微弱的光融入你的星河

庆幸，与你同行
相信，未来可期

廉寄苏行同仁

陈之佳

钟山风雨夜无言,且听紫金风云卷。
世今当下谁等闲?百业俱兴盛世颜。

万花惹香迷人眼,千杯推盏还复来。
周遭满案金文券,晋人何惧饮贪泉!

寓话廉洁

陈婷婷

睡前给宝宝讲故事,名为《城里老鼠和乡下老鼠》,出自《伊索寓言》,主要内容是城里老鼠哀叹乡下老鼠生活太苦,每天只能吃大麦、玉米,于是请乡下老鼠到城里做客,晚上它们悄悄钻进城里主人的厨房偷吃美味的食物,主人发现后把它们扫地出门,最后乡下老鼠吓得继续回乡下过"苦日子"去了。两岁的儿子听出的是童趣,而我却陷入了成年人的深思。

若不是城里主人第一时间发现"偷吃"行为,即刻将老鼠们赶出了门,那么没有受到惩罚的乡下老鼠是否会在享用美食的时间里迷失了自己,继而也变成贪婪的"城里老鼠"?这让我不禁联想到,那些"贪吃"的官员们正如贪婪的城里老鼠,因为暂时躲避了法律的制裁便心存侥幸,习惯小恩小惠后,欲望也随着贪婪的心逐渐膨胀起来,持续利用职权之便,将黑手伸向百姓,慢慢地走向污浊的深渊。梁晓声称,"人的一生,好比流水,可以干,不可以浊",我想,为官者更应如此,然而"落马"官员们没有抵挡住诱惑,没有守住"廉洁"初心,最终被"扫地出门"。

"廉洁"一词自古就有,"不受曰廉,不污曰洁",但在今天来看,"廉洁"不只是针对为官干部了,其实对于每一个人都是必要的;"廉洁"的内涵也得到了延伸,不只是"不受不污",它更成为每一个普通人的做人原则。象牙塔里的生活,曾经让我们觉得"廉洁"这样严肃和正式的词与我们距离很遥远,但进入社会后才感受到,"廉洁"的底线时刻摆在我们身边,随时都有逾越的风险。

尤其在加入银行工作后,我感到"廉洁自律"的清廉金融文化需要深植在每个银行从业者的心中。"员工行为十二禁"是每个新入职人员必须烂熟于心的内容,小到三尺柜台,大到授信后台,每一步的操作都关系着资金的运转,一不小心就会成为贪腐的罪犯或是帮凶。我们不能因为在工作中承担的角色之

"小",就忽视了廉洁自律;亦不能因身居高职而滥用职权之便,丢失银行的信誉和客户的信任。

老剧《冬至》讲的就是银行人的故事。从男主人公小镇银行柜员陈一平挪用公款,到同事薛飞私放公款拿回扣,再到行长刘家善和会计主管彭中华合伙挪用拆迁款,都给我们银行从业者敲响了警钟。陈一平本是一个循规蹈矩、谨小慎微的人,为什么最后也会走向犯罪的道路呢?我想这不仅仅是因为利欲的驱使吧,更重要是因为陈一平的"糊涂",不论是工作还是生活中,他都不是一个清醒的人,所以在"同流合污"的时候,他并没有意识到"螳螂捕蝉,黄雀在后",更没有意识到这会成为有心之人利用他的弱点。

如何在充满诱惑的金融行业里做一个廉洁自律的"清醒人"呢?这也一直是我工作中所思考的问题。作为银行人,我们需要更加清醒地面对金钱利益的诱惑,我相信每一个合格的从业者在入行时的初心都不会是贪赃枉法、以权谋私,而是两袖清风地踏上清正廉明的职业道路。守住"廉洁"的初心,心中要常备一把"廉"之戒尺,时刻丈量着自己的行为,不可逾出一寸。

城里老鼠和乡下老鼠的寓言还会继续读下去,希望长大后的儿子也能在寓言中读出生活的道理,活得更加清醒和坦荡,不要成为人人喊打的"鼠流之辈",而应活成一汪清泉,清澈见底、叮咚作响。

夏至,楼下池塘里的莲花再一次盛开,依然是"出淤泥而不染,濯清涟而不妖",就像一个个"心如止水""形如白玉"的廉洁之士,在阳光下,他们洁白闪亮的光晕仿佛是人性光辉的闪耀。

了不起的平凡

袁金雯

也许不会有人考虑，
为什么厅堂的窗户总是明亮清透，
为什么业务的办理总是安然有序，
为什么取出的钞票总是齐整无缺，
为什么她们的脸上总是笑容明媚，
这些重要的小事，
都是她们在默默付出，
大多数时候，
世人只道是寻寻常常，
理所应当。
这些平凡通常不会被人注意，
所以不会有人为她们欢呼雀跃，
她们却依然在人们目光所不及的地方，
散发着光辉，
挥洒着热血，
谱写着了不起的人生乐章。

阅读的境界

王诗奕

  开卷有益,那要看打开的是什么卷。福楼拜的名作《包法利夫人》中,埃玛·包法利手不释卷,而她的想象力恰是被那些她所喜爱的言情读物腐蚀的。塞万提斯的小说《堂吉诃德》中,阅读量惊人的主人公堂吉诃德最终成了一个手持长矛,身穿奇装异服的疯子,那正是他两耳不闻窗外事,无休止苦读的结果。假如你把读书当作了人生的全部,以为阅读可以替代一切,那你就走进了阅读的误区。

  所谓好(四声)读书、读好书、好(三声)读书、读书好,是一个辩证统一的过程。好读书当然无可厚非,这种爱好至少比嗜烟、嗜酒、嗜赌好,但前提是读好书。在浩如烟海的图书世界里,低级趣味的书也不少。好书不一定是名噪一时的书,十八世纪有些名著充斥着大段大段的道德说教,十九世纪有些名著随处可见毫无意义的景物描写,在我看来,这些内容拙劣而拖沓。遇到它们,我一概跳过,甚至因为这些内容的存在而放弃整部书。至于如今那些靠豪华包装和商业炒作而大行其道的畅销书们,更没必要去劳神费时。

  不喜欢这些书,不是我们的过错,所以没必要怀疑自己的选择。一个作家因一部好作品成了名人,但不一定他的每一部作品都好。雪莱是多么了不起的诗人,但他的《猫》一诗中竟有"一只猫咪真痛苦,确确实实不舒服"这样拙劣的句子。对这种劣质作品,忽略掉就是了。有些所谓的名著是社会和历史的产物,我们没有义务必须接受和欣赏。当然,也不应该因为一个作家的某些败笔而否定他的全部作品。读书是一种私人行为,读什么和不读什么是你自己的事,你只要对自己负责就可以了。是不是名著并不重要,重要的是对身心有益。

  好读书的"好"字深藏玄机,当它读四声的时候,是一种爱好,但在这里读三声,是一种境界。堂吉诃德把自己埋进书堆里,夜以继日地阅读,十分辛苦，但他过于迷信书本，甚至将书中描写的内容与现实世界混为一谈，结果把书读死了，成了死读书。那么，什么是好读书呢？《从文自传》中写道，我读一本小书，同时读一本大书。作家沈从文读的小书是书本，而大书是社会和人生，两者结合起来读，把书读活了，成就了一颗丰富而辽阔的心灵。歌德"能看懂布满星辰的书卷，能同海浪进行对话"，也是好读书的典范。1836年4月11日，马克思在写给女儿劳拉的一封家书中说："书是我的奴隶，应该服从我的意旨。"被动读书者是书的奴隶，只有主动读书者才是书的主人。有了读好书、好读书这两个前提，读书好便顺理成章。

　　古希腊神话中，有个叫安泰的英雄，他是海神波赛尔和地神盖娅的儿子。他所向无敌的智慧和力量，源于脚下的土地。当他遇到危难时，只要脚踏实地，便很快化险为夷。而一旦双脚离开地面，他就会变得不堪一击。有个叫海格立斯的敌人利用他的弱点，将他引诱到空中，轻而易举地杀死了他。安泰的悲剧告诉我们：永远不要脱离现实世界和真实的生活，脚下的土地在，才会有好山好水。做人如此，读书亦如此。

学党史有感

陈李金

2021年，正值中国共产党百年华诞，党中央决定在全党开展党史学习教育，这让本就喜爱品读历史的我，有了更好的机会去系统学习、全面了解伟大的中国共产党走过的百年辉煌历程。

纵观中国共产党成立至今的一百年，是从无到有、自小而大、由弱变强的一百年。一百年来，中国共产党团结带领全国各族人民，创造了彪炳史册的伟大事业，中华民族和中国人民实现了从站起来、富起来到强起来的历史性跨越，沉淀厚重、辉煌璀璨的百年历史强烈印证了"没有共产党就没有新中国"的伟大历史命题。当然，从党的百年历史中，我们也看到，伟大事业并不是一蹴而就、一帆风顺、一劳永逸的，我们党在百年奋斗历程中也遭遇了种种挫折和考验、经历了无数困难和险阻，有的甚至是命悬一线的惊险时刻，稍有不慎就会走向未知的深渊。但是，我们伟大的党带领伟大的中国人民，以伟大的共产主义信念和伟大的艰苦卓绝斗争，战胜了阻挡在中华民族伟大复兴征程上的一切困难和敌人，夺取了一个又一个胜利，走向了光明。

习近平总书记指出，历史是最好的教科书。回眸百年党史，作为一名有着十几年党龄的青年党员，我感触良多，更加深刻地认识到，在风云变幻的发展新时代，必须传承和发扬好我党在百年历程中形成的伟大精神和伟大经验，才能推动中华民族实现伟大复兴。

面对复杂严峻的新形势，我们必须坚持理想信念不动摇。习近平总书记指出，"理想信念就是共产党人精神上的'钙'，没有理想信念，理想信念不坚定，精神上就会'缺钙'，就会得'软骨病'。"我们中国共产党人，不管在什么时候，不管遇到什么情况，都要牢记入党誓词，不断锤炼党性，坚定共产主义远大理想和中国特色社会主义共同理想。只有理想坚定，我们的思想才不会滑坡，我们的斗志才不会衰减，我们的行动才不会走偏，我们才能永远保持正确的方向和前进的勇气。

面对复杂严峻的新形势，我们必须坚持艰苦奋斗不动摇。习近平总书记多次强调，"幸福都是奋斗出来的"，"奋斗本身就是一种幸福"，"新时代是奋斗者的时代"。我们中国共产党人，不管身在什么岗位、身处什么阶段，都要牢记共产党人的职责使命，不忘初心、艰苦奋斗。在伟大复兴历史征程上，我们要把奋斗精神深植脑海里、融进血液里、刻在骨子里，将奋斗精神体现为实实在在的奋斗行动，融入工作岗位、融入日常生活，在奋斗中做出更大的贡献，实现更大的人生价值。

面对复杂严峻的新形势，我们必须坚持自我革命不动摇。习近平总书记指出，"勇于自我革命，是我们党最鲜明的品格，也是我们党最大的优势。"从党的组织来看，我们要坚持党要管党、全面从严治党。从党员个人来看，我们要深刻认识"全面从严治党永远在路上"，传承发扬伟大革命精神，不断增强"自我净化、自我完善、自我革新、自我提高"能力。充分运用好批评和自我批评武器，及时发现问题和不足，加快整改和提升，在持之以恒的自我革命中实现持续不断的进步。

面对复杂严峻的新形势，我们必须坚持为民服务不动摇。习近平总书记指出，"共产党就是为人民服务的，就是为老百姓办事的，让老百姓生活更幸福就是共产党的事业。"中国共产党始终坚持的根本宗旨就是"全心全意为人民服务"。作为在银行工作的共产党员，我们必须始终牢记以人民为中心的发展思想，积极践行"金融为民"理念，立足本职岗位，使出真才实学，付出实际行动，以高效便捷、全面立体的高质量金融服务，不断满足人民群众日益增长的美好生活需要。

学党史、悟思想、办实事、开新局。党的辉煌历史已经写就，需要我们深入学习、深刻领悟、传承发扬；党的光辉未来正在谱写，需要我们坚定信念、立足当下、携手共创。作为光荣的中国共产党人，我们必须不忘初心、牢记使命，以永远在路上的执着拼搏，努力奋进新的伟大征程，为实现中华民族伟大复兴不懈奋斗！

时代的中间人

袁金雯

这是一个激荡的倍速时代，
譬如今时瞬成往态，
在这暗潮涌动的洪流里，
少数的人知道该怎么游，
大多数的人只是随波逐流。
伴着一天天摸爬滚打的日子，
日渐褪去了自命不凡的稚气，
没能成为少数，却也不想成为那大多数，
或许称为中间人最为合适。
一个人若是落后难免被时代戏弄，
为了避免人生半载两手空空的窘境，
既非天之骄子，
也不必苦闷自馁，
做一个时代的中间人，
鼓着追赶领路者的心气，
时刻关注世界变幻的韧劲，
融汇新发现新思想的恒力，
紧跟时代的步伐，与时代同行。

秋 之 韵

李 建

　　秋日，凉风微起，由于岗位的调动，我来到了乡镇网点。对于生于乡镇、长在乡镇的我来说，有一种莫名的亲切感。

　　网点的老同志领着我去村里的企业熟悉客户，走在两边是稻田的路上，置身于金色稻穗簇拥的谷浪中，不觉贪恋地呼吸那特有的乡土气息，只是一下便让人痴醉迷恋。隐藏在稻田深处低低鸣唱的秋虫与嬉闹流连的鸟雀共享这份村镇的风轻云淡和阳光静好。

　　低头抚摸随风起舞的那一穗穗的丰硕，手指尖传来粗糙却又棱角分明的触感。经历了一整季的酝酿与风雨的辗转，在那如剑般穗针武装下的便是孕育了整个夏天的洁白剔透。秋之风韵裹藏在米香之气的田野里，田地里有稀稀疏疏农作的老者，布满老茧的粗糙双手仿佛可以托起日月山河，这是几千年来诉说不完可歌可泣的平凡缩影，的确每一种劳动的场面与姿势都令人敬仰。

　　辛勤的劳动能淬炼叩启幸福大门的钥匙，热爱生活的人终会得到生活的馈赠。陪我一起走访企业的老同志叫唐万林，由于性格爽朗、为人热情，大家平时都喜欢亲切地称呼他唐三爷。一路上给他递烟与打招呼的声音不绝于耳，仅这点就可以看出他在这乡镇上的高人气。一束晨光透过薄雾打在他那张绽满笑容的脸上，让你丝毫感受不到这是位即将退休的老同志。在网点，老唐是负责对公业务的，只要一提哪家单位，他可以对企业的发展史侃侃而谈。平时他身上的那股子为工作拼命的精气神，一点儿也不比小伙子逊色。每每与我聊起客户的维护、行里业务的发展时，都有自己深刻而独到的见解。面对这些能够一直勤勤恳恳坚守在平凡岗位上，却总能为之不停找寻到乐趣的老同志，我是充满敬意的。

"行长，不瞒你说，我每次见到一个客户，我都会想到他可以为我们行里做些什么贡献，不知道从什么时候起，这种思想成为了一种本能反应，好比就像饿了要吃饭一样。我们很知足，银行给了我们不错的收入，让我们在镇上也算是个有头有脸的人物，趁着自己现在还能为咱新兴支行做事，有一分光发一分热吧！"老唐无比真诚地憨笑着说。我不禁感慨：原来咱们平时所念叨的"融创美好生活"的使命，就这样在平素的日子里，悄然逶迤在一双双粗糙的手指间，镌刻在一张张幸福知足的面庞上。古往今来，多少文人墨客悲伤忧郁秋的落寞，好像秋总是代表着万物由盛转衰的自然定律。而我，恰恰觉得秋用金黄的色彩铺筑着万物山川，就是为了给像老唐这样努力的人们带来收获的喜悦和下一季轮回的希望。

抬头，空中洁白的云朵与田间金色的稻穗在风中摇曳起舞，点点露珠附着在稻叶上面，偶尔被阳光照射的时候，散发出晶莹剔透的光芒，这是秋之韵，我分明听到了融创美好生活的幸福交响乐！

青春答卷

李 建

面临百年未有之大变局，一个挑战与机遇并存的世界，在江苏银行这样一个坚实的后盾平台中，作为青年的一代，我们应当思考：如何成长？如何做事？如何做人？我有三点体会和心得：

第一，是直面挑战。2020年新冠疫情暴发，震荡和检验着这个世界的所有运转系统，拷问和挑战着每个人的灵魂与价值判断。近期，南京和扬州两个省内城市的疫情反复，让我们在突发情况面前，变得更加了解自己，是暴躁气愤？还是哀声怨气？抑或从容镇定、乐观勇敢。生活总是充满了未知与不确定性，最近在学习党史的过程中，促使我思考：面对新的情况与问题，我们如何快速调整，积极应对。党史也告诉了我答案：突发情况下，唯有直面挑战，无所畏惧才会有出路。

非常幸运，我遇到分行"盐鸣九州"人才提升培训项目，培训之初我总是在思考如何能够在一群优秀的人中快速地脱颖而出？但是在经历两期培训后，我才慢慢地理解了分行毛亮行长在开班仪式上给我们讲"摘茄子"故事的语重心长：我们在前进的过程中遇到的最大挑战可能就是我们自己，只有始终不畏艰难、不怕失败，敢于跳出自己的舒适区，勇于挑战自我，才能在不断地自我革命、自我净化、自我完善、自我革新、自我提高的过程中，丰满自己的灵魂和思想。

第二，是认真投入。经常听到有人形容我们网点负责人是"金融民工"，做的常常是农民"十分耕耘一分收获"的事。记得五年前，当盐城城北还是人们口中的"北大荒"的时候，我向运营管理部领导主动申请从机关到支行锻炼，当别人问起初心的时候，我也会毫不避讳跟他们讲，我要做"官"。在我看来，"官"是需要比普通员工更加认真、更加投入、更加忘我地担责做事的。

在我看来，网点负责人的岗位归根结底是人（客户和团队）与 KPI 考核关系的终极追问，是对自己心之所向和身之所往的终极追问，而这样的体悟是在五年的全力以赴，痛并快乐着的工作过程中才获得的。有很多人会问我对未来人生的职业规划，而我却认为做好当下，认真投入、负责任地对待自己的岗位，对待每一件事是更加重要的。所谓机会是留给有准备的人的，但我想准备并不是为了机会，因为机会不可预期，真正的准备是勤奋的努力、扎实的积累、踏实的作风。学习党史教会我的第一件事就是学会取舍，不要精于算计，当下看似有利可图的选择，从长远来看则未必然；而当下似乎看不到回报的认真付出与全情投入，可能却为未来打开了一扇惊喜的大门。

第三，是勇于担当。携手抗疫的坚守，支持实体的初心，普惠金融的深耕，乡村振兴的助力，处处体现着江苏银行"国企姓党"的使命与担当。是江苏银行让我感受到了，生长在新时代的青年，确实与国家同呼吸、共命运。在我有幸成为江苏银行的一份子时，也意味着要承担起相应的责任。是江苏银行给了我们世界眼和中国心，我们理当以家国情怀、责任担当来回馈。肩担"融创美好生活"的发展使命，发扬具有盐城分行特色的"四种精神"，我们银行中青年的一代从前辈的手中接过旗帜，赓续传承！

新时代，春潮涌动；新征程，步履铿锵。我将直面挑战、认真投入、勇于担当，向自己的青春交上一份满意的答卷。愿自己真正成长为一个有目标、有热情、有境界的江苏银行人。愿在江苏银行奋斗的岁月里踏实纯粹的少年感永不褪色！愿初心不改、担当常在！

观《长津湖之水门桥》有感

黄 健

2022年春,《长津湖之水门桥》以39亿元票房稳居春节档影片之王座。电影以抗美援朝第二次战役中的长津湖战役为背景,写实了第九兵团第七穿插连以血肉之躯挡重兵冷炮,截断美军第一师后路的悲惨战役。冰天雪地也浇不灭热血男儿必胜信念的火热,电影用一次又一次惨烈的镜头,向观众阐释什么叫保家卫国,什么是钢铁长城,什么是以命相搏……

生于华夏、安于盛世,更应当忆苦思甜,用心聆听水门桥上奏响的"英雄赞歌",从中感悟信念的力量、汲取精神的伟力、锻铸一往无前的勇气,站在先辈的肩膀上,以团结无畏之名,续写中国特色社会主义新时代的奋斗篇章。

听"青山有幸埋忠骨"的信仰强音,点燃"许党报国"的忠诚之心。"第七穿插连,应到157人,实到1人",水门桥之战,156位先烈用血肉之躯铸就钢铁长城,以血肉之躯化为炮火炸药,保卫中朝两国的和平与安宁。伍万里强忍丧兄之痛,失友之悲,仍以一名昂扬的军人姿态完成阅兵的那一刻,眼泪终于充盈了眼眶,心中百感交集、久久不能平静。在这一段刻骨铭心的真实历史中,无数革命英雄舍生取义、顽强抗争,用生命筑起保卫家国的城墙、用鲜血点亮了风霜不改的信仰,以生命兑现了许党报国的铮铮誓言。

听"粉身碎骨全不怕"的奋斗旋律,提振"百折不挠"的民族之气。"把该打的仗都打了,留给后辈们一个和平的新中国。"面对全副武装的侵略者、面对困兽犹斗的独裁者,志愿军的每一次前进都付出着巨大的代价和牺牲;面对零下四十几度的极端环境、面对一口炒面一把雪的艰苦条件,中国军队的每一步都走得如此不易和艰难。沧海横流方显英雄本色、危急关头体现使命担当，志愿军战士们用精神伟力托举未来的希望，在敢拼敢闯中点亮了奇迹的光芒。

听"不破楼兰终不还"的必胜呐喊，增强"气势恢宏"的前进之力。"不相信有完不成的任务，不相信有克服不了的困难，不相信有战胜不了的敌人。"杨根思的三个"不相信"展现了必胜信心、解锁了成功密钥，正是因为志愿军战士们保持着"逢敌亮剑"的斗争精神、"愈挫愈勇"的革命意志和"毫不退缩"的拼搏定力，才克服了重重困难、突破了道道难关。守卫上甘岭、鏖战长津湖、决战金刚川……一处处地标成了中华儿女深刻的地理记忆，这里时时回荡着英雄们的生死呐喊和铿锵誓言。

先烈永不忘，立志更坚强。向我们最可爱的先辈致敬！

燃烧自己的巨人

李 晨

世界著名摇滚音乐家约翰·列侬说:"如果你不能改变世界,你就改变自己"。

他所说的话让我想起了一个北欧神话:很久以前,一群巨人们在充满黑暗和食人野兽的森林里狂奔着寻找出路。他们有一个头人,在头人出现以前,每个人都是惶惑不安的,直到头人用冷静而又激动人心的声音说:"跟我走!"。但十多天后,追随的队伍一天天变短了,不满的声音在各个阴冷的角落里滋生开来。于是,头人用匕首划开了胸膛,举起了火炽耀眼的心脏,最后他倒在了森林的出口,手里紧握着暗红色的灰烬,化成了阿尔卑斯山。

随便在哪里问起麦哲伦,都会有人告诉你"哦,那是第一个完成环球航行的人啊!"没错,提到他,我们的心里多少是有些崇拜的。可是有谁知道在他以前,人们心中的世界边际就仿佛是野兽的嘴巴,走过去就会直直地坠下去。在不被理解的声浪中,在葡萄牙王子恩里克的无情拒绝后,他扬起了帆,漂泊在孤独喧嚣的海面上,燃烧自己的心脏。虽然他死在了异乡,没能听见船队归国后,在西班牙掀起的轩然大波,也没能听见由他促成的一体世界所涌动着的脉搏,但是他的心,静静地将子夜燃作了又一个黎明。

百年前,中国的土地上纷飞着炮火,响彻着民众痛苦的呻吟。但也有一群巨人,他们燃亮了黑幕,带着中国人民一步一步走向光明。如今的我们,沐浴着和平的阳光,怀揣着自己的小小梦想,但依然不能丢失燃烧自己的巨人精神。让我们一起拿出勇气来,化身北欧传说中的巨人、有环球梦的麦哲伦、为建立新中国一往无前的万千战士,点燃自己的心,成为冲破黎明前黑暗的巨人,在实现自己小梦想的路上披荆斩棘,共同串起中华民族伟大复兴的中国梦。

徽州印象——赵真摄

老墙一角——王笛作

静物——杨玉雯作

同心湖晨曦——赵真摄

日出东方隈（一）——陶妍摄

日出东方隈（二）——陶妍摄

火焰山——钱峰摄

羌塘高原上的小可爱们——赵真摄

凝心聚力向未来，中国青年再出发

王 瑞

一座北京城，两圆奥运梦，三区晴雪盼，四面八方朋，五环聚健儿，六祝赛功成，七项激战酣，八方捷报声，九门同期盼，十方和平钟。伴随中国人的感性与浪漫，冬奥赛事如约而至。冬奥赛场，有突破自我的胜利欢呼，有不慎失误的遗憾痛哭，比赛注定有输赢，但更重要的是永不放弃的拼搏精神和超越自我的不懈追求。冬奥会中国青年热血拼搏，让人们看到了青春最美好的模样。

热爱祖国，担当时代责任。谷爱凌，放弃美国国籍加入中国国籍，延迟斯坦福的入学投入训练，只为在中国的土地上为国争光，在北京冬奥会自由式女子大跳台决赛中，面对微小差距、突破自我，完成偏轴空翻转体1620度的超高难度动作，绝杀夺冠。苏翊鸣，为了祖国荣誉放下演员身份，全身心备战冬奥，首次参加冬奥会便摘得银牌，打破我国单板滑雪0奖牌的历史，创造了中国男子单板滑雪史上的最好成绩。中国青年有着初生牛犊的无畏，也有着少年热血的孤勇。年轻的生命，用精彩的表现见证自己非凡的能力，用昂扬的状态迎接更多艰难的挑战，勇挑重担、勇克难关、勇斗风险，在担当中历练，在尽责中成长。

砥砺奋斗，练就过硬本领。"只要我滑得够快，就可以不给裁判和对手留机会，让裁判挑不出任何毛病！"平昌冬奥会那举足轻重的一枚金牌到北京冬奥会的首金，你可以永远相信中国短道速滑队！胜利的背后，是一代代短道速滑运动员艰苦拼搏的传承，久经风雨历遍挫折、面临瓶颈状态下滑终王者归来的武大靖，年少成名却常年与伤病斗争、伤痕累累却坚持三战冬奥的范可新，饱受膝盖伤痛折磨却不曾缺席一场比赛和训练的任子威，他们用行动告诉我们：没有一蹴而就的成功，只有坚持不懈的努力，经历百般锤炼，练就过硬本领，让梦想在青春舞台上绽放。

包容友爱，彰显中国格局。冰壶混双赛场上，中国组合范苏圆与凌智5比7不敌美国队输掉比赛，赛后送给对手一人一盒"冰墩墩"徽章留作纪念；花样滑冰休息室中，中国选手金博洋和日本选手羽生结弦可爱同框，面向镜头温暖互动；冬奥会场内外，大批青年志愿者奋战一线，为来自世界各地的朋友提供服务、排忧解难。赛场上，运动健儿奋勇拼搏、突破自我、共同成长，践行"冰雪之诺"；赛场下，各国人民和谐友爱、相互支持、共同前行，履行"奥运之约"。情谊跨越国界，中国青年尽显大国格局，包容友爱、团结携手，一起向未来，共同建设和谐合作的国际大家庭。

一切过往，皆为序章，凝心聚力向未来，中国青年再出发。从梦想初萌到"双奥之城"，从张大眼睛打量世界到相约"一起向未来"，从冬奥赛场的荣耀时刻到"带动三亿人参与冰雪运动"的广阔场景，中国与奥林匹克一路同行，青年与祖国一路相伴，播撒希望和奋斗的种子，追求和平与团结的生活。青年一代有理想、有本事、有担当，国家就有前途，民族就有希望。广大青年应踔厉奋发、笃行不怠，不负韶华、不负期待，在中国共产党的领导下，高歌猛进，勇往直前，用青春之我创造青春之中国！

时　间

黄宗仰

一寸光阴一寸金，寸金难买寸光阴。在不经意间回首，时间已悄无声息地流失。昨天变成了历史，今天又在不断地成为昨天，逐渐变成名为"回忆"的通道，连接着现实与过去。当我们回忆过往，为曾经的自己自豪，也为留下的遗憾懊悔。而时间却是公平地对待每一个人，公平地在每个人身边留下白卷，等待着你的书写。

"时间都去哪儿了？"当我们刷手机时，当我们发呆时，时间从我们身旁不断流逝，也许你并未发觉，也许你觉得无所谓，但等你发觉时间不够用时，才会后知后觉地懊恼。只可惜并没有方法能让你回到你想要的过去，在你懊恼感慨时，时间依旧很公平地从你身边逝去，并不会因你而停留片刻。时间从来都是智者前进的足迹，愚者沉沦的泥潭。

年年岁岁花相似，岁岁年年人不同。春去秋来，花开花落，花还是曾经的花，但已然成为新的生命，并不是曾经的花。人还是去年的人，但经过一年的洗涤，我们也早已不是曾经的我们。回首过往，还记得不久前在校园里，为了工作而四处寻觅，为了论文而拼搏努力；可转眼，却已然步入社会，校园成为回忆，为工作而奋斗成为当下。时间从来不会停留等待着我们，我们或许还没有准备好身份的快速转变，从学生成为一名合格的社会人，但时间却曾经给了我们很多准备的机会，只是我们没有及时把握。

学会善用时间，丰富自己，才能坦然面对各种困难和挫折，才能披荆斩棘，在逆境中逆流而上。遥记鲁迅先生在书桌上刻"早"字的故事，就是先生提醒自己要时时早、事事早，而不是不断抱怨时间不够用，对结果不满意而自怨自艾。"时间就如海绵里的水，只要愿意挤，总还是有的。"这段振聋发聩的名言，正是先生提醒后人，要善用时间。

1.01 的 365 次方是 37.78，而 0.99 的 365 次方则是 0.03。每天浪费的时间与奋斗的时间即使相差一点，但在一年后的差距却是如此巨大。优秀并不是一蹴而就的，正是那每天多出来的 0.01，在日复一日年复一年的积累中形成的。

　　回到现实，才知晓当下的重要，善用时间，才能看见自身的价值。在有限的时间中，一点一滴的积累，才会拼搏出一片无限的光明。我们现在正值青春年少、风华正茂，更不应该虚度光阴，忙忙碌碌而不作为。我们要善用时间，努力学习，拼搏奋斗，点石成金。莫等闲，白了少年头，空悲切。

云烟散尽见星空
——2022年"开门红"后记

朱守军

  响水小城的春天急促、热烈,刚坐看朝阳温暖了一江春水,转眼间便桃李粉红柳依依,哼一曲小调,就能摇落漫天花雨。在这诗画长卷里,我像背着犁杖的农夫,用一片热爱在田野里书法。年复一年,每个春天都这样度过,每个春天都接受心灵的洗礼,料峭、和煦、苦闷、兴奋,各种滋味每年交替刺激着神经,我煎熬,我享受;我落寞,我快慰,这是我职场中的经典和荣耀,所以,繁花盛开的四月,我总会回忆这段难忘的耕耘。

  我不是想昨天的故事重现,不是简单地复盘,这是一个江苏银行人对自己内心的审视,是一次情感和操守的转换贯通。春种一粒粟,秋收万颗子。首季"开门红"是春天的行动,我回首心路历程,是为了给机体不断代谢更加活跃的细胞,给睿智以绵绵无穷的养分。

  在"开门红"的纹枰两端,有时坐着"我我",有时坐着"我他",361个交汇的空间,圈着实地,圈着客户,围着市场,围着资金。对弈中,我揣摩着我,我寻思着他。在变幻的风云里,我用自身的定力,穿透烟雨,仰望星空。我以为,我的修持来自生命的体验,多年积累的感性经验,已经形成了对工作的独特理解。我将个人的风格融入我的团队,使我们对实践的注脚深具人本现实主义气质和古典浪漫主义情怀。"开门红"中,我们有包容、温暖的色调,有朴实、敦厚的思想,有批判、立新的笔锋,我们的一言一行,都是奋楫者的人生意义和价值体现。

  我喜欢用自由的、奔放的方式诠释江苏银行的事业,就像平时写的散文一样,通过对场景的铺垫、对事物的叙述,实现对一般问题提纲挈领的归纳,而非意象性的萃取,在极短的时间内,厘清事件的逻辑,揭示其中蕴含的哲理,快速地抵达事物的本质。自由奔放的方式有它的局限，往往不能面面俱到。"开门红"中，一些规划设计也有反应滞后的情形。我们有所为，有所不为。我所及的，就是下接地气，食人间烟火，最大限度地给予我的团队以具象的温度和希望，让基层愿景与顶层目标有机地统一。

我的职责是建设一支强有力的战斗团队，而团队如同一篇复杂的书写，有时甚至是一首隐秘的朦胧诗，我的任务是区分晦涩的词语和清晰的白话，将平凡和有为融为一体，激发历史自觉。团队每个人都不能被边缘化，我期望大家都能看到自己将沙漠染成绿洲，将丰收装进粮仓。我以自己的思维建立起对"开门红"时空的预言，力避团队走进误区甚至陷阱；用自己的文化素养、道德情操和精神信念，唤醒他们沉睡的潜力，用格局和胸怀调节他们无时不在的情绪，赋他们事业以人生重量。

为人们创造美好生活，是江苏银行事业的根部属性，"开门红"中，如何化解竞赛的困惑，完全在于我们所做的一切是否真正为了人，就是客户和员工。只有我们走出对任务的恐惧和焦虑，自信自强，以思想的发现去研究探索新的路径，我们务实、创新、拼搏、奉献才更具时代意义，江苏银行的市场表现才能超越平均海拔，才会实现上层建筑最初的立意。

三月虽已过，天地仍悠悠。在我田间小憩的睡梦里，秋天的金黄，胜过以往所有秋天。

得　失

孙　峰

　　人的生命是一个不断变化的过程，同时也是一个不断获得与失去的过程。我们总是在成长路程中失去一些重要的东西，可当你回首往事时，你会发现那些你曾看中的东西对于现在的你无足轻重。

　　光阴似箭，岁月如梭，时间如同一位盗贼，偷走一切。我们无法阻止事物消逝的脚步。人们常说"时间会冲淡一切"，不过事实也确实如此。时间为我们带来的固然很多，但同时也带走了许多。现在想想，儿时的趣事大多都已忘却了，那些早些年结交的好友，也因为各种缘故不在身边，甚至面容都记不起了。我们常常面对许多无可奈何的失去，或许该平静地面对。

　　"什么都无法舍弃的人，什么都改变不了。"有时只有放下心中的执念，放下对过去和已经失去物品的留恋，才能向前走。告别是新的开始，也是另一种意义上的重逢，人就是在一次又一次地失去中锻炼自己的意志，而你在其中失去的一切，都会以另一种方式来到你的身边。

　　曾经感受到痛苦的日子，随着时间的流逝，再无法想起那真真切切的痛苦；有些曾觉得不可失去的人在离开以后，日子依然过得很好。时光荏苒了岁月，成熟代替了稚气，成长冲淡了过去。别离是人生常事，在漫漫时间长河中，我们都是一朵朵小浪花，难免起起伏伏，但最后也将归于大海。

　　人生中的得与失，是人人都会经历的。得与失是一种选择，亦是一种放弃。请你抓住现在的，忘记过去的，抬头向前走，靠近成熟与理智。

观《隐入尘烟》有感

季琳琳

最近观看了一部非常感人的电影《隐入尘烟》,看完后我有很多话想说,但提笔的时候,却似乎又无从说起,我零零散散地回味和思考着这部电影。

电影的节奏缓慢,很像那个偏僻乡村村民生活的缓慢,日出而作,日落而息,日复一日,年复一年。每个人的生活都是那么单调,单调到近乎呆板,多少年来一成不变。电影的主人公马有铁,一个特别老实的贫困户,没有曹贵英的马有铁的日子一定是平淡无奇的,因而也是被导演轻描淡写的。直至遇到了曹贵英,马有铁的生活才有了很多的变化。

马有铁和曹贵英是被别人推着向前走的,他们的婚姻也是被安排好的,但看似被迫的婚姻却是马有铁情感需求的核心来源和人生存在的主要动力。结婚当晚曹贵英尿床了,马有铁装作没看见,不去细究对方的缺点就是优点,容忍对方的缺陷也便是最大的宽容。和曹贵英成家后,马有铁去给父母上坟告诉他们他有媳妇了,为欠农户钱的老板献血,给他人拉运结婚家具,买大衣缺钱,借住别人的老屋拆迁两次搬家,在新屋给燕子垒窝,借鸡蛋孵化小鸡,打土坯准备盖房的材料,下雨天用塑料遮盖土坯,在土墙上贴囍字,平凡生活的处处显露着艰辛的细节,却也处处透露出希望。在他晚归的时候,他知道家里有一盏为他亮着的灯;在他回家的时候,他知道有人会为他捧上一杯热水。两个低微的人在生活中相互支撑,相互关怀,相互依靠,艰难而乐观地面对生活的酸甜苦辣。他们用实际行动表明,关心他人的能力与财富无关,付出爱的能力也与财富无关。

他们勤劳朴实,帮助他人不求回报,宁愿自己吃亏,绝不占别人的便宜。他们脚踏实地,绝不辜负土地。他们不羡慕他人的财富,更不嫉恨他人不义的富有。他们接受自己低微的身份,接受社会地位的落差,逆来顺受不曾反抗过生活。他们安于差距，却并不安于现状，积极改变着自己的生活。他们觉得所有的安排都是命运，所有的遭遇都只能接受和面对，他们不抱怨这个社会，不论它有多么残酷。他们的生活中只有贫穷，而没有卑贱；他们的生活中只有不幸，却没有消极。他们在勤劳和艰辛中点燃生活的希望、寻找幸福的出路，他们平凡而伟大，他们隐忍而闪光。

马有铁的老实让人印象深刻，在这种品质越来越稀少的当下，在我们都努力活成一个个精致的利己主义者的当下，老实尤为可贵。或缺陷，或不幸，人生不是不完美，而是坎坷重重。遇到这样的人生，他们没有悲观消极。反观我们条件比他们好不知道多少倍的人，在现实的困难面前却如此矫情和颓废，我们应当为自己感到羞愧。一个人坚定地生活了那么多年，在遇到爱情又失去爱情之后，他却选择撤掉囍字，取下曹贵英的相片，在曹贵英的手上按下麦穗花儿，放了毛驴，卖了粮食，坚定地离开这个世界，了无牵挂地离开这个世界，生无可恋地离开这个世界，去寻找他的贵英。这应当是爱的力量，彼此温暖的力量。

我相信，每个看过这部作品的人，内心一定有所触动，特别是有乡村经历的人，特别是对乡村关注较多的人。

不能忘记农村，不能忘记农民，这应当成为一个文明社会的共识。这部电影，在平静中传递出直击心灵的力量。

心之归处是梦乡

曹 婷

每一个人都有梦想,这些梦想决定着他努力的程度和人生的方向。也许有的人会说梦想就是一个玩笑,一个说辞,一个彰显人志存高远的伪装。他们认为没有人能真正实现梦想,没有人能真正将玩笑实现,没有人能真正让说辞成真,没有人能撕破伪装成就梦想中的自我。但我想说:容易实现的不是梦想,要想成功你得敢于挑战,有梦想你才能拥抱未来。

没有梦想,心就会失去方向。犹记得高考前的岁月总是沉闷而又漫长,白天上课还好,紧跟老师的上课节奏,心无旁骛。但到了晚自习,教室里只剩笔在纸上游走的沙沙声,偶尔会有翻书的轻响。每一张脸都是麻木的,眼皮半垂着,目光胶着在习题册上。无论何时我抬头四望,都是这幅画面。那时我总也想不明白,我那些爱笑爱闹的同学为什么会变成这副模样,他们哪还有少年人的朝气。临近六月,天气燥热。晚自习时的教室灯火通明,总是引来大片的飞蛾。它们纤薄的身体一次次撞击在玻璃窗上,是整个教室唯一不同的声响。有那么一两只飞蛾会趁着门开的一瞬间闯进教室,矢志不移地扑向日光灯,决绝而又激烈,最终短暂的生命坠落在某位同学的课桌上。那时的我就像那窗外的飞蛾,因为一盏明灯就奋不顾身,麻木不仁。身边的人总是告诉我们要好好学习,考上一个好大学。考上一所好大学就是那盏让我们奋不顾身的明灯,我们并不知道我们自己想要什么,只有循着别人为我们点亮的梦想前行。如今想来,我很感激那些在我们年少懵懂、不辨是非的年华为我们点亮那一盏指路明灯的师长。也许这些并不是我们自己编织的梦想,但我们只有循着这个梦想前行,才可能拥有精彩的生命。

若有梦想,心就不再迷茫。大学时,校园里我最爱的地方就是宿舍楼后方的一亩荷塘。到了时节,荷叶田田,荷花曼妙多姿,美不胜收。月夜漫步在其四周，更觉风景如画。有一日与友人晚间漫步，忽见塘边的绿植上缀着点点莹莹的绿，凝神一瞧，那绿渐渐变得密集，如一袭飘动的光纱笼在绿植上，朦朦胧胧的，有一种梦幻般的美。友人的步子也停了下来，惊叹一声："好美！"这一声惊叹引来了更多的目光，不多时荷塘边竟围了一圈人举起手机拍照，在此起彼伏的赞叹声与连续不断的闪光灯中，那袭光纱渐渐黯淡，最终消失不见。时至今日，那种美在脑海里还是记忆犹新。那时的我不再是为了别人点亮的灯盏而疯狂的飞蛾，而是那带着点点微光的萤火虫，怀揣着自己小小的梦想，即使在黑暗中前行也巍然不惧。在前行的过程中，也许能遇到怀有相同梦想的同伴。我和他们就如那群萤火虫般聚集，在无限延伸的未知道路上携手同行，向世间展示自己美妙的身影，并将这一幕深深铭刻在许许多多人的心里。

　　如今我已遇到了一群志同道合的同伴，我们的点点萤光已化作服务江苏银行事业不断前行发展的明亮光芒。我们拥有这一更加美好也更加长久的梦想。虽然这个梦想无法一蹴而就，但它就如一缕阳光，驱散了我们前行的阴霾；它就如一泓清泉，洗净我们心中的铅华。让我们砥砺前行吧，只有勇敢行动，坚持不懈，善于思考的人才能驾驭着梦想的翅膀在无边的天空向着梦乡翱翔。

坚持与热爱

胡 琪

你会不会买一本书,其实你从来不看,但是你觉得好像拥有了其中的知识?你会不会制定了一个计划,其实你从来坚持不下来,只是享受制订计划那几天的快乐?我们总是习惯了这样的开始,然后又潦草地结束。对事如此,对待生活也是如此,当一个人对自己的生命开始用"潦草"来搪塞时,生命也会开始对他潦草。

如果跳舞,要像没有人看着那样尽兴;如果热恋,要像从未受伤一样去爱;如果唱歌,要像无人听着那样投入;如果活着,就把人间当天堂那般生活。这个世界上有很多事,都是当你开始认真对待以后,才会发现其中饱含的乐趣,你要带着关爱而不是期待地投入生活。当你对待事物越认真,对待工作越投入,你会发现能力与乐趣接踵而来。因为所谓的热爱,其实就是不断地坚持和投入。

如果是为了一个目标去做某件事,那你一定坚持不住,请先打从心底地喜爱上它,喜爱上那个不断突破的自己。摩西奶奶曾说:真正地爱自己,不是牺牲掉所有的时间和精力去打拼什么辉煌的未来,而是在当下,努力去做自己喜欢做的和有趣的事情,让自己的内心充盈着喜悦,让现在的每一天,都以自己喜爱的方式度过。

千里之行,始于脚下。今天,也请带着梦想与热情用心地生活吧。生活越是艰辛,越要学会制造让自己愉悦的契机。就算在别人眼中是不值一提的小事,如果能替自己带来莫大的充实和愉悦,那就去做吧。平凡生活中的热爱与坚持,才是最好的诗和远方。

生活的温度

——读《平凡的世界》有感

孟 娴

看完《平凡的世界》，这本书带给我的震撼有很多，很多地方看得我落泪。

关于亲情。少安因多分农民土地在公众面前被"批斗"，一个人痛苦、烦恼、迷茫、漫无目的地从白天走到晚上，当他为了平复心情，半夜蹲在漆黑的高粱地时，他听见前面传来一片沙沙的响声，出现的是他的父亲。当他问父亲为啥到这来？孙玉厚半天才呐讷地说："我就在你后头走着……我让兰香先回去了。我怕你万一想不开……"因为这句话，我眼角湿润了。父爱无言，但是却会在你最需要的地方守护你。少安鼻子一酸，在父亲面前哭得像个孩子。不只是父亲，家人永远都是我们最坚强的后盾，哪怕有天你觉得家人并不能给你提供建设性的意见，但只要家人在那里，那就是港湾。

关于爱情。书里印象最深的是少平和晓霞的感情。少平和晓霞因为理想、灵魂的契合走到了一起，但他们一个是农民的儿子，一个是省委书记的女儿。当我看到这段的时候，特别好奇故事的结局，故事中的人物线该如何发展？后来我知道了，路遥先生为了推动故事情节的发展，硬生生地把晓霞写死了。晓霞是多么美好、热情、勇敢而又有理想。路遥哭了，我也哭了。晓霞在洪灾中为救一个小女孩英勇牺牲的时候我没哭，但当我看到少平因晓霞的突然离世而绝望到崩溃时，我哭了。如果一个人是按自然法则寿终正寝，就生命而言，死者没有什么遗憾，活着的人也不必过分地伤痛。最令人痛心和难以接受的是，当生命的花朵正蓬勃怒放的时候，却猝然间凋谢了。晓霞的离世对少平来说不仅仅是失去了一个恋人，在某种程度上，他失去的是他的部分精神支柱。

当少平还没有走出双水村时，晓霞就是他生活中最重要的一个人。在某种意义上，这个女孩是他的思想导师和生活引路人。在一个人的思想还没有强大到完全把握自己的时候,就需要在精神上依托另一个比自己更强的人。人在壮大过程中的每一个阶段,都需要求得当时比自己认知更高明的指教。当孙少平经历过一些生活的苦难后,多年未见的晓霞和他交流后,发出了这样的感叹:她的生活中已经不能没有孙少平这个人了,这个人和他对生活所采取的态度,令她非常钦佩。少平呢?在经历了失去晓霞的痛苦后,再一次扎根在大牙湾的煤炭中,通过劳动来治愈心灵的创伤。

关于生活。我觉得这本书想表达的主题是:平凡的人可以通过劳动实现人生的不平凡。当我提前了解了故事的结局,发现少平最后依旧在那片大牙湾里采煤,很不理解。当一个煤炭工人哪里不平凡了?他的不平凡到底体现在哪里?直到读完整本书,依旧没有找到完美的答案,但我似乎浅层次地明白了:少平对苦难的思考、对劳动的热爱、对生活的担当让本身平凡的他变得不平凡。兰香、金秀因为读书改变了自己的命运,而少平则是通过阅读潜移默化地改变了自己对世界、对生活、对自我的认知,他放弃了离开大牙湾的机会,再一次选择回到带给他苦痛、骄傲和自豪的大牙湾,只这一点,少平就是不平凡的。书里说:一些人因为苦而竭力想逃脱受苦的地方,而一些人恰恰因为苦才留意受过苦的地方!

书里有段写少安和晓霞来矿地找少平的情景,少平在做矿工时也不忘学习的场景让我感动:孙少平正背对着他们,趴在麦秸秆上的一堆破烂被褥里,在一粒豆大的烛光下聚精会神地看书。那件肮脏的红线衣一直卷到肩头,暴露出了令人触目惊心的脊背——青紫黑癜,伤痕累累!

什么是生活?书中给出了答案:绝不能松劲!还应该像往常一样,精神抖擞地跳上这辆生活的马车,坐在驾辕的位置上,绷紧全身的肌肉和神经,吆喝着,呐喊着,继续走向前去。

什么是人生?人生就是永不休止地奋斗!只有选定了目标并在奋斗中感到自己的努力没有虚掷,这样的生活才是充实的,精神才会永远年轻。

相信自己

孙　峰

　　在人的一生中，不可能每天都晴空万里，难免会有乌云布满天空之时，有人看到的是"黑云压城城欲摧"，而有的人看到的是"甲光向日金鳞开"，这两种人最终所得的结果肯定也大相径庭。

　　在你前行的路上，如果一块绊脚石挡住了你的去路，你会留下它不再前行，还是会想方设法地除掉它继续前行呢？选择了前者的人，首先已经丢失了对自己的信心，他们原本也是有棱有角，闪烁着的星星，却在磨难和挫折的打压之下被磨平棱角。自己都不相信，又何谈成功呢？

　　在《哪吒之魔童降世》这部电影中，哪吒早已被注定成为魔丸的命运，可他不相信命运，他只相信自己，他相信自己能从魔丸变成斩妖除魔、造福百姓的大英雄，他说过"我命由我不由天，是魔是仙，我自己说了算！"倘若电影中的哪吒在得知自己是魔丸后，就丧失了对未来的期望，丧失了造福天下苍生的理想，那他一定会成为真正的魔丸，不断残杀天下黎民，迷失自我，意识被杀戮所占据，甚至毁天灭地，最终也难逃天尊在三年前就定下的天雷之劫。

　　自信和成功就好像钟摆的两端，谁也离不开谁。人的一生总会碰壁，而我们要相信自己，敢于碰壁。只有相信自己，脚下的路才会越走越宽，步伐才会越来越矫健。多少次挥泪如雨，伤痛曾填满记忆，只因为始终相信去拼搏才能胜利。总是在不停地鼓舞自己，要成功就得努力，相信自己，终将超越极限。

爷爷的小院

童 娴

我的爷爷有一个小院
院子里都是爷爷的宝贝

春 生

小院的空气中满满都是小草的清香
我和弟弟妹妹争先恐后追逐着蝴蝶
兴致勃勃帮着蚯蚓松土
爷爷搬弄着他的兰花
一边浇水一边笑眯眯地说：慢点儿，别摔着

夏 长

小院水池里的荷花开了
不仅吸引着蜻蜓，也吸引着我们
哥哥姐姐用废弃的门板拼成简陋的乒乓球桌
叔叔姑父加入了比赛行列
我们屁颠屁颠地满院子忙着捡球当裁判
奶奶时不时从屋里出来，心疼地说：
大热天的歇会儿，都回来吃片西瓜

秋 收

桂花阵阵香气
番茄酸酸甜甜

辣椒红红绿绿
小院迎来了一年最美最安静的季节
爷爷慢慢悠悠地在他的花花草草前踱步
时不时露出满意的笑容
不厌其烦地向我们讲述着他的养花心得

冬　　藏

小院里没有了绿色
只有蜡梅骄傲地盛开着
爷爷失业了
奶奶美滋滋地在院子里捯饬着今冬腌制的腊肉咸鱼香肠
我们眼巴巴等着下雪的那一天
悄悄捧着一手雪没大没小地去吓唬爷爷奶奶
听到"哎呦喂"的惊吓声后开心地逃逸

后　　记

爷爷奶奶走了
也带走了小院的春夏秋冬
但小院的记忆都在
一直都在

人生是一程单向旅行

王诗奕

人生是一程单向旅行,不可后退。漫漫人生路,我们会遇到许多人、经历许多事,我们一定要学会拥有一颗宽容而真诚的心。日子,就在岁月的年轮中渐次厚重,那些天真的、跃动的、抑或沉思的灵魂,就在繁华与喧嚣中,被刻上深深浅浅、或浓或淡的印痕。

不管外面的风风雨雨,不管世事变幻沧海桑田,给生活以一丝坦然,给生命一份真实,给自己一份感激,给他人一份宽容。人活一世,躯体迟早要归还于尘土,现在看来,能在旅途中留下记录,是一件多么好的事情。照片、文字、书,还有感情,这些都是时光曾经存在的印记。

如梦如幻月,若即若离花。总有一些人,不是不想忘,而是忘不了;总有一些情,不是不想放,而是放不下。要轻轻拾起昨天留下的羽翼,才会有深深的记忆,才会记得曾经你做了些什么事。

人生的路漫长而多彩,在阳光中我们学会欢笑,在阴云中我们学会坚强,在狂风中我们抓紧希望,当我们站在终点回望,我们走出了一条属于自己的人生之路。再多的纠结和彷徨,一笑置之,一切随缘;再多的挫折和沧桑,也能泰然处之,随遇而安。

生活不是只有温暖,人生的路不会永远平坦,但只要你对自己有信心,知道自己的价值,懂得珍惜自己,世界的一切不完美,坚强一点,其实你都可以坦然面对。快乐的时光,就是你从未预设,但却时不时地会浮现于脑海,当时的环境与人都呈现出一种斑驳的柔和感,那些记忆是真正美好的。

你 的 名 字

王诗奕

岁月间,你是人们心中念念不忘的名字。
你的名字,经过时光的累积,被称为人民心中的"太阳"。
你的名字,经过情爱的穿梭,在英朗的身姿上刻画出温情。
你的名字,经过百年的浪潮,奔涌出无边无际的壮丽诗行。
我们赞美生活、热爱家乡、报效祖国,
颂扬你伟大的名字——中国共产党!

在中国共产党的带领下,
江苏银行人勇于担当,坚守"金融为民"理念初心不忘。
在中国共产党的带领下,
江苏银行在改革浪潮中奋勇前进,发生了喜人的变化。
那嗒嗒的算盘早已变成了鼠标,
摩挲了多年的纸票变成了机器点钞,
无纸化办公悄然将厚厚传票搬进电脑,
电子化信息系统使工作效率大大提高。

岁月不居,时节如流。
党的二十大召开钟声即将敲响,新的曙光会再一次点燃希望。
不改的是坚守的初心,
不变的是追求的方向,
不可推卸的是使命与担当。

喜迎二十大，奋进新征程。
永远跟党走，建功新时代。
让我们大步向前，步履铿锵，
用坚实的足音，在第二个百年奋斗路上踏出一路风光；
用高昂的歌喉，将你的名字唱响——伟大的中国共产党！

在终点等你

王诗奕

耳边萦绕着电影主题曲的悠扬乐声,感觉那些曾经鲜活的画面再度在脑海中复苏、感动,悲伤和怅惘等种种复杂未明的情绪相继涌上心头,电影里的一帧帧画面不断闪过,让我重回看电影的那一刻。

电影《从你的全世界路过》改编自张嘉佳的同名小说,是有名的畅销小说,然而我只在书店看过片段。并不是觉得这本书不好,只是单纯地不喜欢这类畅销书罢了。不过,看完电影后,我的想法却改变了,有种阅读原著的冲动。

全片以主人公陈末为第一视角展开,以淡淡的口吻叙述了都市生活中一群年轻人之间的故事,夹杂着友情、亲情、爱情。陈末、猪头和茅十八三个好兄弟一起生活,横冲直撞,喝酒谈人生,追求着各自的自由。当猪头为了结婚准备买房时,茅十八毫不犹豫将自己省吃俭用的钱都拿了出来,陈末即使念叨着"杀人的心都有了",还是毅然给出了自己的全部积蓄,这份友情让我动容。

陈末的母亲身患阿尔茨海默病,经常做饭时会把肥皂的泡沫水端上餐桌,每次陈末回家,她也认不出自己的儿子。影片中印象最深的是,下雨天,陈末从电台回来时,他的母亲一个人默默坐在楼梯口,对陈末说"等儿子呢",陈末坐在母亲旁边,母亲给在身边的儿子打完电话,依旧没认出他。陈末微笑着陪母亲闲聊,喂母亲吃饺子,老旧的公寓楼,泛黄的灯光,母子坐在台阶上,一切的一切都那么温馨、祥和。

爱情是永恒的话题,在影片中更是占了很大的比重。不断为燕子付出却最终无奈分手的猪头,当燕子乘车离去时,他哭着追车的场景又悲凉又心酸,原来痴情小人物为了爱情付出一切,失去过后,也只能笑着说"你的世界没有我了也要好好的才行"。最美好的是,茅十八和女警荔枝的恋情,带着理想的色彩,在稻城唯美的求婚,在旧居日常的生活,但在现实面前,两人却迎来生离死别。最贴近现实的是，自暴自弃的电台主播陈末对前女友小容的执着，孤独坚强的幺鸡对陈末默默地守护，然而幺鸡留下"谢谢你，让我从你的全世界路过"不告而别，陈末流泪后悔。

　　将近尾声，陈末和母亲相对而坐，母亲念叨着"我有三个儿子，三个儿媳妇"。但有些人等不到了，每个人都有自己的路，猪头消失在陈末的世界，茅十八永远告别了这个世界，他们都只是路过这个世界的人。我以为圆满的结局，经不住生活的考验，最美的幸福轻易地迎来永别，内心唯有难过。最后的片段里，猪头推着小吃摊游走在世界各地，城市里茅十八制作卖出的电器同时响起"荔枝，我永远爱你"的告白，最终画面定格在稻城，古城温暖的光，山间清爽的风，草原无垠的绿，陈末和幺鸡相视而笑。突然特别感动，仿若主题曲所唱"请往前走，不必回头，在终点等你的人会是我"，故事并不圆满，然而这一刻一切都足够了。

每个人都是一束光
——有感于观影《满江红》

施娴娟

今年春节贺岁片《满江红》让走出电影院的我依然在思考和回味，已经很久没有一部电影如此震撼到我了，也很久没有因为一部电影而起笔了。

影片讲述的是岳飞赴义后四年，张大等一群小人物们自发的大义之举。一开始以为他们行动的目的是找出一封密信，后来又以为是为了刺杀秦桧，到最后才发现他们这么多人前赴后继舍弃性命为的只是保留一段文字、传承一种精神。

这部影片看笑是情绪，看哭是情怀。影片带给我们的文化冲击是很大的，全片在用以小见大的方式点燃更多中国心。时代变迁，但那首《满江红》镌刻着"精忠报国"的金石之响，全片不见岳武穆，全片处处岳武穆。将军身死但精忠报国的精神不灭，"三十功名尘与土，八千里路云和月，莫等闲，白了少年头，空悲切……"

影片里一众小人物们，他们或许没有指点江山的气魄和率领千军万马的气概，却拥有着一个人在民族蒙难之际最可贵的坚持与执着。片尾《满江红》的传颂，更是激发出了所有观影人的情感。那一往无前的气势让人饱含热泪，更让人热血沸腾，让人看到了世间微尘的力量。"每一粒微尘都有自己的能量，无数的微尘汇集成一片光明"。即便是微尘，最终也能使命传承，发出属于那个时代的最强音，不要轻视微尘的力量，正是有无数个像电影里张大这样的平凡小人物，他们心怀家国，位卑不忘忧国，以微尘之光，汇聚时代之光明。

今天的华夏盛世来之不易,对于和平年代里平凡的我们来说,或许我们一生都不需要为国家和民族付出鲜血和生命,但我们有着共同的历史记忆,我们认同和尊敬所有为国抗争的英雄们,这是中国文明的底蕴,也是中华民族天然存在的基因,更是延续几千年文明的国家里独有的一份财富。

不管是哪个朝代、哪个时代,我们每一个人何尝又不是这世间微尘呢,每个人都能如此伟大,即使不惊天动地,也都带着信念生活。心中有物,方能显物,我们可以将信念镌刻在心间,有一分热,发一分光。

星火燎"新原" "四敢"耀未来
——读《浴火摇篮》有感

李 建

翻开《浴火摇篮》，穿梭于那段血与火、灵与肉厮杀的历史烽烟中，时间的巨人矗立于小井的残墙前，徜徉在挑粮小道的石板上，定格在黄洋界的工事间，勾勒出一幅浓墨重彩的红色革命岁月图。

我仿佛看见了一支衣着褴褛却精神抖擞行进在如血残阳下的队伍，一个身材伟岸目光坚定走在队伍前面的中年汉子；听见了"枪杆子里面出政权"的真理声、听见了韶山娃子和仪陇汉子铿锵的脚步声。井冈山——跳动着马克思主义中国化的革命血脉，聚集了一批有理想、有主义、有抱负的青年，潜伏着中国工农红军第四军最强大的武装力量。这样一群有志之士肩负着民族的希望、在黑暗中勇敢踯躅而行，吃的是糙米南瓜、穿的是土布单衣、住的是山洞庙宇、睡的是门板稻草，张牙舞爪的魔鬼不怕、荷枪实弹的对手不怕，岿然撑起了整个民族的脊梁。

面对"红旗到底打得多久"的疑问，八角楼中一根灯芯的油灯彻夜长明，毛泽东以雄辩的事实列举红色政权能够存在的理由，大声疾呼道："一国之内，在四周白色政权的包围中间，产生一小块或若干块红色政权的分裂和战争是继续不断地，则红色政权的发生、存在并日益发张，便是无疑的了"，"不但小块红色区域长期存在没有疑义，而且这些红色区域将继续发张，日渐接近于全国政权的取得"，伟大的预言赋予无上的信念，无上的信念衍生崇高的信仰。凭借这样的信仰，这支部队在频繁的军事进攻和严密的经济封锁中，使井冈山的红旗屹立不倒，给四万万劳苦大众指明方向，创造出一条用殷殷鲜血铺就的中国革命之路！

如今，民主革命的枪炮声已经淹没在历史的长河中，井冈山那八角楼的灯芯也早已熄灭，但是星火燎原的信念如日透云生辉九州。2013年7月，习近平总书记在河北西北坡考察时说："中国革命历史是最好的营养剂"。总书记所说的营养剂包含了信念与作风，坚定的信念和良好的作风是一个人思想行动的总开关、总阀门。

历史与现实是割不断的，只有继承历史，才能历史继承。今年是贯彻落实党的二十大精神开局之年，"敢为、敢闯、敢干、敢首创"新时代"四敢"精神的提出，是中国共产党人结合新的时代条件传承赓续井冈山薪火意志，坚持坚定执着追理想、实事求是闯新路、艰苦奋斗攻难关、依靠群众求胜利放射出的新时代光芒，也将激扬着躬逢盛世的每一位平凡的我们，要拿出"干就要干到最好、拼就要拼到极致"的骨气。新时代是奋斗者的时代，我想作为一名江苏银行人，"敢闯、敢首创"时刻提醒着我们要在金融创新的路上勇于"摸着石头过河"，不被条条框框思维定势束缚，不断挑战新任务、新实践，闯出新天地、新成绩；"敢为、敢干"则需团结奋斗为"敢"注入底气，从思想上抛弃"不干不错、多干多错"和"宁不出彩也不出格"的包袱，不断把"小我"融入到江苏银行的"大我"中来。

井冈山的星星之火燎亮了开辟社会主义新中国之路，新时代的"四敢"精神必当闪耀在迈向建设社会主义现代化国家的新征程中！

扬州的春天

刘淑仪

"你一句春不晚，我就到了真江南。"趁着春意阑珊，我来到扬州这座美丽的城市。在春天，这座城市别有一番风韵。

出发这天为了尝尝趣园的早点，一家人起了大早。趣园坐落在园林里，离瘦西湖很近，边享用蟹黄汤包，边欣赏窗外美景。春天的扬州，万物复苏，色彩斑斓。梅花、桃花、杏花、海棠花等各种花朵争奇斗艳，满城飘香。沿着瘦西湖、东关街、围城等地走走停停，尽情享受美好的春光。

欣赏瘦西湖的美景，感受湖水清澈、草木茂盛。放眼望去，仿佛置身于一幅幅美丽的水墨画之中。瘦西湖得名于其形状如同一片哑铃，加上高深的太湖石峰，就像瑜伽体位的人一样苗条。这里风景如画，周围种满了翠绿的老松、枫树和梅花等名贵乔木，水中则荡漾着轻轻的波纹，清澈的湖水里游动着金鱼和鲤鱼。

行至东关街，这里有着许多美食街摊和小吃店，各种美食充满了街头巷尾，吸引了不少游客前来品尝。我们打卡了扬州炒饭、杨大酸奶，试穿了扬州旗袍。街道内人来人往熙熙攘攘，街道外落英缤纷微风拂面。扬州是一个充满古城气息的城市，走在护城桥边，仿佛穿越了千年，和古时之人共赏同一份风光。

春天是扬州旅游的黄金时期，大运河博物馆也是主要景点之一。京杭大运河博物馆，是中国唯一以千年运河为主题的博物馆。运河上运船、清代"苏州府"官徽、微缩河、环形屏幕……大运河始于春秋吴王夫差的凿子沟，隋代以洛阳为中心的大运河完成，唐宋非常繁荣，元代弯曲，南北贯通至今。真实的场景建设，让人身临其境，感受大运河母亲的魅力。

扬州是一个自然美景和人文景观得以完美结合的地方，对于喜欢旅游的人来说，这里值得一游。

忆秦娥·再看《四渡赤水》电影有感

朱守军

战旗猎。

西风烈马音犹在。

音犹在，日月如梭，江山如画。

云岫千重写神奇。

长征万里红飘带。

红飘带，换了人间，变了世界。

观 秦 淮

张融丰

也许我来到南京，就是为了这秦淮河。

我其实不知道，秦淮河对于我来说到底意味着什么。它对南京人来说，是母亲河；对河两岸的商家小贩来说，是生存发展之处；对四面八方的游客来说，是一处停歇观景的地方。而对于我呢？我不止一次地反问自己，却都没有答案，它好似仅仅是一条河。

很多人都说，秦淮河是南京历史的源头，千百年来的悲喜剧都在她的岸边上演过。掀开老南京这部历史长卷，要从秦淮河的涟漪中打开第一页，才能最终品味到如陈年老酒般的金陵古韵。

我印象中的秦淮河是透着胭粉气的。人们在微凉却又飘荡着迷离氛围的夜色里，听听江南小调，品品香茗佳肴。无数才子带着一身的落寞、半世的羁绊，忍把浮名，换成了浅斟低唱。秦淮河流淌了千年，也包容了无数朝代里或沉重、或清浅的失意怠倦，六朝金粉、水洗凝脂的奢华，南宋偏安、晚明落魄的萧瑟，文人政客相互交缠的一腔腔辛酸与无奈，至今已变得遥远。曾经的十里秦淮唯一不变的，大抵是这喧嚣吧。

如今，那些丝竹弦乐、昼夜笙歌都散去了，秦淮河往昔的繁华都随着这永不止息的河水，积淀在浩繁的史卷中，淹没在历史的尘埃里。

走在秦淮河岸边的浮雕墙面旁，上面赫然题画着秦淮八艳的身影。她们有立有卧，或抱琴，或弹筝，朦胧的眉眼里，仿佛还带着淡淡的哀愁。秦淮八艳的事迹，可见于余怀的《板桥杂记》，里面分别写了顾横波、董小宛、卞玉京、李香君、寇白门、马湘兰等六人，后人又加入柳如是、陈圆圆而称为八艳。秦淮八艳除马湘兰以外，其他人都经历了由明到清改朝换代的大动乱。她们在诗词和绘画方面都有很高的造诣，个个能诗会画，只是大部分已经散失，只有柳如是作品保留下来较多。在那个动荡不安的年代，她们坚持勤奋创作，努力表达自己对时代之变、人生之变的感受。

朱自清先生与友人在七八十年前夜游秦淮河，写下了著名的《桨声灯影里的秦淮河》，秦淮河就这样被定格在了南京的近代史上。在朱自清先生的笔下，秦淮河水是碧阴阴、厚而不腻的，汨汨的桨声在河面上传扬，两岸飘来阵阵歌声。河上的船儿一律悬着彩灯，灯光和月色交辉，水面印出一闪一闪的明漪，满河晃荡着蔷薇色的浮光，让人如在朦胧的梦幻之中。

看久了秦淮河，我想，我终于知道它在我心中是怎样的了。它就像是一个梦，引领着孩子捡拾美好的回忆。当那个孩子老了，躺在椅子上晒太阳，把那些回忆翻出来看看时，他的心里一定是无比温暖的。

在我的眼中，秦淮河，你的倩影，你的明眸善睐愈加模糊，因为你已渐渐融入了我的骨血，成为我生命的一部分。

读《钝感力》有感

黄 健

在这个快节奏的社会中,我们时常因为一些小事而陷入烦恼,纠结于各种琐碎的细节。《钝感力》一书为我们提供了一种全新的思考方式,让我们重新审视自己的内心世界,学会以更加达观、从容的态度面对生活中的种种挑战。

《钝感力》这本书虽然字数不多,却蕴含着深刻的生活哲理。钝感力,顾名思义,是对外界刺激的一种缓冲态度。在人际关系中,这种钝感力尤为重要。它让我们在面对批评、意见不合或矛盾时,能够保持一颗平和的心,不被琐碎小事所困扰。在现代社会中,我们往往过于追求精确和敏感,对于他人的言行举止总是过分在意,稍有不如意便会心生烦恼。然而,这种过度的敏感只会让我们陷入无尽的烦恼之中,无法享受生活的美好。而钝感力则是一种自我保护的能力,它让我们在面对外界刺激时,能够保持内心的平静,不被负面情绪所左右。

钝感力不仅体现在精神层面,也同样适用于身体层面。生活中,我们难免会遇到一些感冒、伤痛等小病小痛。如果我们过于在意这些身体的不适,病急乱投医,反而会加重症状,影响康复。而拥有钝感力的人,能够以更加轻松的心态面对这些不适,不把它们看得过重,从而更快地恢复健康。

此外,《钝感力》还教会我们如何正确地面对挫折和失败。生活中,我们难免会遇到一些不如意的事情。如果我们因为一些小挫折就轻易放弃或选择逃避,那么我们将永远无法真正成长。而拥有钝感力的人,能够坦然面对挫折,从中吸取教训,不断前行,变得更加坚强和成熟。

阅读《钝感力》的过程中，我不禁反思自己的生活态度。以往，我也常常因为一些小事而陷入烦恼，过于在意他人的看法和评价。这本书让我明白，真正的成熟并不是追求完美，而是在面对生活的种种不如意时，保持一颗平和、宽容的心。同时，我也意识到，阅读是提升自我、丰富内心的重要途径，它让我学会了以更加开阔的视野看待这个世界。

　　《钝感力》是一本值得我们深思的书。它教会了我们如何在生活的琐碎中寻找内心的平和，如何在面对挫折时保持坚韧不拔的精神。我相信，当我们学会运用钝感力，就能够更加从容地面对生活的种种挑战，享受更加美好、有意义的人生。

《被讨厌的勇气》读后感

王虎成

在还没读过这本书时,我便早已听过它的名字,本以为这会是一本指导怎么和人相处的书,刚翻开,却发现这更像是一本哲学书。它采取了希腊哲学的古典表达手法,以对话方式,围绕着"人是如何能够获得幸福"这一问题展开了简单却深刻的讨论。

其中,我印象最深刻的观点是关于接纳自我。在我们的生活中,我们总是希望自己能够变得更好,但是这种追求往往建立在我们对自己不满的基础上。阿德勒鼓励我们要接受自己的不完美,承认自己的现状,只有真正接纳自己,才能迈出改变的第一步。

书中有这样一句话:"你是一切问题的原因。"这是在强调我们有能力改变自己。我们无法控制外部环境,也无法改变过去,但是我们可以改变自己的态度和看法,从而影响我们的行为和未来的可能性。这是一种积极的思维方式,它让我们意识到,我们自己才是生活的主人。倘若自己都不活出自己的人生,那还有谁会为自己而活呢?一味地寻求别人的认可、在意别人的评价,最终只会活在别人的人生中。

该书强调最重要的是"此时此刻"。我们应该更加认真地过好"此时此刻"。人生是一连串的刹那,过去发生什么,未来会如何,都没关系。我们要有甘于平凡的勇气。老子说:"载营魄抱一,能无离乎?专气致柔,能如婴儿乎?"其表达的也是要人们回到当下、专注当下的意思。只有活在当下,我们才能回到本自具足的婴儿状态,回到原点,才能够心无旁骛,做好手头的事情。

在阅读这本书的过程中，我不禁反思自己的生活态度和思维方式。幸福并不是一个遥不可及的目标，而是一种可以通过自我改变和努力实现的状态。我们需要有勇气面对他人的不喜欢，有勇气去追求真正的自我，有勇气去接受自己的不完美，有勇气去超越过去的自己。这种勇气并不是与生俱来的，而是在不断的思考和实践中培养出来的。凭借这份勇气与智慧，我们都能找到属于自己的那份幸福和满足。

小 城 的 边 界

王嫣然

哒哒哒哒，哒哒哒哒……

自行车老旧的链条在喘着气。

在我小学时，这声响几乎伴随着我上学路上的每一个清晨。刚上小学，爸爸妈妈上班很早，每天都是爷爷蹬着自行车送我上学，我坐在爷爷的自行车前杠上，边啃苹果边到处观望。老张早点刚出笼几笼包子，带着香味的蒸汽扑面而来，闻着带甜味儿一定是豆沙包；街边的小公园里，开了好几片猫儿脸，好几种不一样的颜色，算不上美丽也算不上齐整，但看起来倒挺有趣。

路上总能看到许多和我一样家长自行车接送的孩子，其实有时候小孩子们在暗暗较劲呢，一次一个小男孩看到爷爷的自行车超过了他们，急得对他父亲大喊："别人超过我们了，爸爸你再骑快点呀！"但是一直到学校门口，他们都没有追上来，小时候的我可自豪了，我的爷爷就是全天下最好最厉害的爷爷。

那时候小城的边界离我们很近，仿佛近得爷爷骑自行车就可以带我去小城里的每一个角落，而在小小的我的眼里，爷爷，好像一直都不会老，永远都不会累。

中学时，上学的路变远了，小城的边界也离我们更远了。这时我不再需要爷爷的接送，而是每天骑着一辆电动车，它陪伴着我上学，陪伴着我去书店，毫不费力可以去很远的地方，但抵不住冬天刺骨的寒风，抵不住夏日里炎炎烈日。路上一辆辆电动车在大街小巷穿梭，和加快的车速一样，人们脸上的神色也越来越匆忙。

多年前去往学校的路两旁还是油菜花田，这时已遍布商店和居民小区，热闹非凡。为了城市更好地发展、居民更好地出行，BRT 的修建一修就是好几年，等到终于通车了，我开始坐 BRT 上学，公交车行驶在专用车道上，还有空调，再也不怕严冬和酷暑了。也正是这一年，爷爷说，还好有BRT，他已经骑不动车了。

听到爷爷说骑不动车，我才第一次真正意识到，在我小时候无所不能的爷爷，也在变老。

工作后，爷爷住在城西，我住在城东，距离和忙碌的工作使我和爷爷见面的次数越来越少。城市的范围在变大，但高架通车后，城市的边界好像又缩小了。中秋节，我开车带爷爷在高架驶过，从城西将爷爷接到城东家里来团聚。高架上的车流奔流不息，两侧高楼林立，爷爷看着两旁的建筑，感叹着这么多年来家乡的巨变。

当我驶下高架出口后，我告诉爷爷还有三分钟就到了，爷爷惊讶极了："原先坐公交四十分钟的路程，现在高架上十分钟就走完了？一个红绿灯都没有，一点都没有堵车，真的太快了！"

小时候我坐在爷爷的车上看家乡，现在爷爷坐在我的车上看盐城。从肆意生长的野花到修剪整齐的景观绿化，从矮小的平房到耸立的大厦，我们成长生活的地方变得越来越现代化和秩序化；从自行车到电动车再到汽车的普及，居民的生活水平得到了显著的提高；从小路到宽阔的大道、从不起眼的公交小站台到气派的BRT、从大堵车到高架的畅行无阻，我们的公共设施日益完善且高效。

随着时光的流逝，时间和空间的效率在难以估量地跃升，小城的边界已经不那么清晰了。它时而近时而远，它从我们脚下延伸到了空中，它开始慢慢消失，因为小城的人们，我们的心胸和视野，早已没有了边界。

岁月留痕

朱泳青

岁月的风吹回到零零年代，唤醒了平行时空的记忆。我打开哆啦A梦的任意门，回到儿时长大的村庄，开启一段自由且烂漫的童年时光。

七岁那年，家人翻新老屋盖了楼房，红顶白墙非常漂亮。前院长方形的花坛中，奶奶种的月季盛开得火红，上学路上随手摘一株一串红放进嘴里，吸一口香甜。屋前是一片宽阔的农田，春天，我卷起裤管和爷爷一起下田插秧，学着大人有模有样；秋收时我趴在楼上窗户看长辈们在田野割稻，金色稻田和夕阳下的余晖交映，微风吹过，带来阵阵稻香。后院流淌着一条清澈见底的小河，蜿蜒了好几个村庄流向镇上。盛夏，河面波光粼粼，对岸有几个胆大的男生下河游泳、打水仗，我光脚站在岸边，小心翼翼地踩在没入河水的石头上，数着来往过路的鱼虾。

那时，去往镇上有一条南向的泥泞小道，春天来临时，油菜花沿路边盛开，我和同学三两作伴步行上学，慢悠悠欣赏一路虫鸣鸟叫。村头的小桥窄而古旧，挨近桥头，是一户做手工面包的人家，每次路过门口，隔着那扇锈红色大门朝里望去，一排排色泽诱人的面包在架上排列整齐，阵阵香气扑鼻。我钟爱村头小卖部三毛钱一瓶的橘子汽水，细腻的气泡混合着食用香精的味道，带来一丝夏天的清凉。每月逢九的日子，奶奶会踏着小三轮沿着泥泞小道载我上街赶集，琳琅满目的商品铺满了整条街道，熙熙攘攘的人群中传来此起彼伏的叫卖声，奶奶紧紧牵着我的手，给我买漂亮的裙子和发箍。

后来，我跟随父母搬到城里生活，回家次数少了。只有每逢放假，可以回去陪一陪爷爷奶奶，和儿时的朋友们相聚。村庄被规划时我正值高一住校，对老家的拆迁是后知后觉的。再回家时，那片曾经的土地已经焕然一新，陈旧的村庄悄然退场，乡间小路铺设成了康庄大道，商品房林立而起，老房子不见了，屋后那条流淌的小河也早因为重污染被填平。多年来长辈们还住在那里,我时常能回去看看。去年夏天,我路过小学门口的那条小巷,它至今依旧幸运地保留着二十年前的模样。我将车停靠路边,站在巷口,看着夕阳斜照在斑驳的墙壁上,陈旧的砖石被渲染上岁月的色彩,童年的记忆在此刻变得鲜活。我路过儿时路过的人家,看见老人和狗坐在门口乘凉,巷子尽头的小学不知何时已拆迁,杂草丛生的荒地上只露出一片红色砖瓦房的屋顶,蓝天白云下几只鸟儿飞过,我站在原地,环顾四周,驻足良久。

我怀念农村,珍爱在乡土里长大的快乐。时光匆匆,自九岁离开这里去城里读书工作,一路成长有了诸多繁重而复杂的人生课题。每次回老家,我留恋那片广阔的天地间弥漫着的泥土和稻香的清新,喜欢用镜头捕捉田园风光去拼凑儿时记忆中的图景,以此来找寻内心的安定。童年时代已远去,而那些纯真质朴的欢乐岁月,于我如夏日午后的阳光,是一生中永远炙热而明亮的存在。

故 乡 美

陈文敏

我的故乡，犹如一颗璀璨的明珠，散发着令人陶醉的魅力。至于它美到了何种程度，只需聆听我悠扬的笛声，便能细细地品味出来。

每当春天的花季轻轻叩开大地的门扉，最为红火热烈的莫过于那清水湖畔了。在那儿，美人梅宛如婉约的仙子，轻盈地舞动着粉色的花瓣；红叶李似明艳的火焰，在枝头跳跃；海棠花如娇俏的少女，含羞带怯地展露笑颜；玉兰花恰似高洁的雅士，优雅地舒展着洁白的花瓣；桃花灼灼，如绚丽的云霞般灿烂夺目；樱花浪漫，粉色的花瓣如同梦幻的雪花飘落。各种花卉竞相绽放，争奇斗艳，芳香四溢，引得蜂蝶在花丛中翩翩起舞，仿佛是在举办一场春日盛宴。

而那满湖的碧水，宛如一面巨大的翡翠，微微轻漾着涟漪，倒映着湛蓝的天空、洁白的云朵以及附近林立的高楼大厦，犹如一幅宁静而美丽的水墨画。

清水湖畔的夜晚热闹非凡，四周围拢着六七处歌舞场。朦胧的月色下，微风轻拂着湖边的垂柳，柳丝摇曳，宛如少女的秀发般飘逸。在这美妙的氛围中，有老人轻盈的舞姿，有青年充满活力的舞步，有双人默契的配合，有广场上欢快的舞蹈，还有龙船舞的豪放、扇子舞的优雅、腰鼓舞的热烈等等。那美妙的歌声与欢快的鼓声，伴着微风传向周围的小区与村落，也吸引了附近众多的村民纷纷加入他们的队伍。

五月的乡村，宛如一幅生机勃勃的画卷。清晨，阳光透过薄雾，洒在田野上，给绿油油的麦苗镀上了一层金色的光芒。鸟儿在枝头欢快地歌唱，仿佛在为这美好的一天欢呼。乡野间，到处都充盈着那醉人的绿色，仿佛一片绿色的海洋，预示着一个丰收的好年景已然近在眼前。

啊，我的故乡！你是生命的根源，你是我心中的港湾，是我灵魂的归宿。无论我走到哪里，你那如诗如画般的美景，都将成为我心中永恒的记忆。

故乡的美，犹如一首悠扬的乐章，奏响在我生命的每一个角落；又似一壶陈年的老酒，越陈越香，让我陶醉其中，无法自拔。

我愿将这份对故乡的眷恋，化作一缕清风，吹拂在这片美丽的土地上，让它永远充满生机与活力。

品 牌 的 力 量

陈亚红

9月25日至27日，2023全球滨海论坛会议在盐城举行，"绿色低碳发展 共享生态滨海"的主题吸引来自34个国家的近千名代表，其中乘飞机参会的有近一半嘉宾，被安排在机场"江苏银行厅"稍作休息，在这1号贵宾厅里，偌大的江苏银行Logo是那么醒目，室内沙发上的靠枕、摆放的小物件，还有装饰品、零食等，到处都有江苏银行的元素。千里迎送，高朋满座，这是一次品牌提升的极佳机会。组委会的一位好友还专门打电话给我：你们江苏银行这次借机宣传的效果出圈爆棚了！

抓住机会借助平台开展有效宣传是提升品牌力的重要渠道。十年来，在我们基层员工的眼里，江苏银行品牌影响力不断提升，展示了我行较强的核心竞争力。作为一名入行二十多年的老员工，我参与并见证了这十年江苏银行品牌价值的提升、跃升、攀升，还有品牌力量的完美诠释和精彩展示。高价值的江苏银行品牌力量，渗透并推动了全行各项事业高质量发展取得辉煌业绩。

十年前，江苏银行成立不久，我来到基层经营的第一线，作为新设立时间不长的县域支行，在当地的品牌还没有什么特别优势，营销还要靠人脉资源，靠员工"扫街"发传单，靠客户口口相传，耗体力、成本高，效果也不是特别好，创业起步也是品牌积淀的开始，我们以拼搏奋进的微光，照耀着支行发展蹄疾步稳，站稳了江苏银行品牌在当地的一席之地。

十年后的今天，我在分行宣传的最前沿，能切身感受到品牌提升对于党建引领、经营管理、创新转型的促进融合和推动作用，我们通过公众号推送、开设抖音、公交站台冠名，用心用情用力宣传、有声有色有趣宣讲，取得了可圈可点可喜的成效。从登门拜访、等客上门，到"手指营销"、线上获客；从同质服务、"内卷"竞争，到批量营销、个性化产品方案定制，这些变化的背后，都有品牌力量的加持。

十年，是时间刻度，是人生长度，更是我们江苏银行品牌在客户心目中不断提升的满意度。这十年，江苏银行的综合实力由大到强，江苏银行的品牌形象从优秀到卓越，人们提到江苏银行，目光中有赞叹、眼神里有羡慕，员工的归属感、自豪感油然而生，更加激发了大家的工作积极性和经营潜能。

品牌是消费者对企业的一种自我认知，也是情感的一种认同。品牌力量的背后，有太多银行与消费者共鸣共情的故事。两年前，我接待过一位投诉客户，帮他协调处理了投诉事宜后，他很满意，并感慨地说：以后我还是要到你们江苏银行来购买理财，就是因为相信你们江苏银行的品牌。前两天和一位客户经理聊天，他把客户发给他的信息给我看：银行的服务，就认定你们江苏银行了，我是"一见杨过误终身"啊。

上周末早上，秋风有些许凉意，我在公园晨跑，一位支行行长打来电话，说有一位客户因突发事件临时需要在上午10点前赶到上海，时间非常紧，开车已来不及，火车票也已售罄，问我们有没有办法。我一边联系宣传合作方，一边让客户往火车站赶，安排特别通道，先上车后补票，终于赶在火车启动前2分钟上车。事后，这位客户特别开心，反馈表示感谢，他在微信上说：这次到上海办事很顺利，事情办得非常成功。当工作人员带着他走着贵宾通道，在"绽放金融之美"的品牌宣传画面前经过时，我既有作为江苏银行客户的优越感，也深深钦佩江苏银行在我们客户心目中品牌的影响力。

十年磨一剑。厚积薄发让江苏银行的品牌更靓丽，踔厉奋发彰显江苏银行品牌的不竭力量。品牌是一种承诺，可以给客户带来独特的体验，品牌的力量则体现在客户情感共鸣和价值认同上。有位客户曾说过的一句话让我印象深刻：是江苏银行在我们心目中的品牌，还有你们专业精致的服务折服了我，我与江苏银行是双向奔赴……

拥抱春天

陈亚红

  今年的春天似乎来得有些晚，气温迟迟未见回暖，街道上显得有些萧条，少了往日的车水马龙，让人体会到一种别样的孤寂。过了"惊蛰"节气，万物才渐次开始复苏，室外的阳光也慢慢地明媚了许多，各种花儿竞相开放，到处都能感受到春意的盎然。

  位于城东的大洋湾景区，游人如织，满眼都是大片大片的樱花哦，粉若云霞、茂似棉絮，数万株樱花蓬勃生长，一年更比一年美。有人说，樱花的美妙，在于享受粉色回忆的陶醉，这是积蓄了整个冬季的思念与狂想，朵朵含情，宛若是对久别情人的热切期盼。徜徉在这粉红色的世界里，与佳人相约，用温暖拥抱这久违的春天，别有一番惬意。

  城南正在建设中的南海未来城，有一处中华海棠园，前两天和同事相约驱车前往，漫步湖畔，极目远眺，一排排一株株的海棠映入眼帘，甚是壮观，树枝上粉红色的花朵随风摇曳，中间衬映着晶莹的绿叶儿，显得清新、婉约而又俏皮。走近一看，花朵随性舒展，外红内粉，浓淡适中，花苞初绽而含情不语，在春风中缀着小水珠儿，似一位面容楚楚的少女，轻盈飘逸，清香宜人。走进一家咖啡店，要上一杯卡布奇诺，浓郁香甜，味道醇厚悠长。"枝间新绿一重重，小蕾深藏数点红"，作者元好问借景抒情，劝告人们要"爱惜芳心"，不轻易吐蕾。在他的眼里，花儿盛开似乎也就意味着离凋谢不远了，"我与春风皆过客"，用语平实，却意蕴悠然，正如那杯清香绵柔的卡布奇诺。

  我住城西，小区西门就是小马沟景观绿廊，游园设计精巧、形态精致，是晨练和晚上散步的好去处。这里有丰富的植被，青松、翠柏、云杉，还有一些叫不上名的树木花草为游园增添了许多绿色，桃杏之花竞放，莺飞蝶舞于其间；河水清澈灵动，微风吹拂起涟漪。跑道两边是桃红柳绿，花影婆娑，南天竹的枝头上长出一串串红彤彤的浆果，很是诱人。象征着幸福和积极向上的紫叶李，还有红色果儿的枸骨，玉兰花硕大的朵儿缀在枝头，或繁或疏，或紫或白，飘出淡淡清香。百花竞放争斗艳，装扮着这个五彩缤纷的美好世界。来这儿散步的人有很多，或独行慢跑，或结伴快走；有一位慈祥的老伯伯每天早上在此打太极，一招一式皆有道；还有晨间捧着书本背诵的青年，大概是准备着什么考试吧，亲水台前有三三两两的专心垂钓者，不急不缓在观察着水面，一副怡然自得的架势，祥和而温馨。

空闲时光我都会过来走一走，锻炼身体又愉悦身心，恣意呼吸着新鲜空气，流连其中，或与友人聊叙，或独自一人漫步，抛却一切烦恼与忧愁。想到不久前曾翻看过的一本心灵随笔集《次第花开》，作者弘扬佛法二十余载，闭关期间写下多篇随感，或睹物思人，或畅谈佛法人生，朴素平实的语言背后是他一贯的清亮、通达，以今生最美的际遇，重塑心灵的力量，遇见春天，期许未来，这才是心灵世界应有的美好境界。他告诉我们，有时候人们并非不快乐，只是以为自己不快乐而已。心若向阳，无谓悲伤；轻安喜乐，次第花开。

捻花留香，每一处都能归心深处。似水流年，不辜负年华就好。季节更迭的风景可以看得清楚，可人生的风景轮回谁又能看懂读透呢？清风逐尘、佳期如梦，向人们述说着缘分的神奇，让爱意无限变得可能。

春天来了，我们走出家门，拥抱大自然，到处都能感受到曼妙浪漫的气息，总会有一处风景，让回忆成为思念的愁。愿世间安好，愿你我无恙，岁月里，我们繁花与共，温暖相拥！

那一种乡愁

陈亚红

时间跨不过年轮的门槛，城市里喧嚣浮华的生活，日复一日，匆匆而又匆匆。

小时候，城市在我想象的另一端，绚丽多彩、高深莫测，任我如何努力跋涉，似乎也是一个无法企及的高度。在幼小的脑海里，那是一个遥远而又高大上的平行世界，令我憧憬。

多年以后，当我通过上学而进入城市，因为工作而留在城市，终于成为一名所谓的"城里人"时，短暂的喜悦时常会被莫名的惆怅所替代，乡愁总会毫无征兆地闯进心底。在钢筋水泥林立的楼群中穿行，在与孤独的灵魂对话时远眺故乡，才懂得，只有家乡那一片略显荒凉的故土，才是我最温暖的衣裳。

我的家乡位于东部沿海的一个小镇，遍地皆是平原良田，海拔近乎负数，人口不多，大家安居乐业。张家河环绕而过，滋养着一代又一代的纯朴憨厚的农民，那种骨子里的真诚与善良，体现在日常的小事情和交往的细节当中，我生于斯、长于斯，从长辈身上学会了许多为人处世的道理。如今，进入小康社会后，高标准良田等政策给百姓极大的实惠，他们不但有了闲田、闲钱，还有闲时、闲情，业余文化生活也是丰富多彩，令人羡慕和向往。家乡越来越美，让我的乡愁显得更为浓郁。无来由地，在城市忙碌中经常会不自禁地想到家乡故土、念起年迈的双亲，或是在梦里，或是在某一刻的幻觉中。在城市生活快30年了，但骨子里始终觉得自己是农村的孩子，只有回到家乡、回到那略显破旧但倍感温馨的家中，感觉才是自己最真实的存在。

一个人不可能同时拥有青春和对青春的感受，同样也不可能身在家乡也能懂得家乡有多好。他乡纵有当头月，不及故乡一盏灯。于我而言，回乡是生活的一种仪式。这种仪式让我照见自我、丈量人生。几年前，父亲还在世的时候，我过一段时间就要回家乡一趟，停下匆匆的脚步，暂时远离喧闹的都市，家乡的空气都显得格外的清新。每次回去，都能在和父母短暂的相处中感受到特有的温馨和幸福，总能从他们朴实的话语和琐碎的家长里短中有所感悟。回到家乡，我总喜欢走进田地里，停下脚步，让自己的心靠近一些，再靠近一些。家乡就是一个人的根，只有捧上一把家乡的热土，似乎才可以留住思念、留住乡愁、留住那片梦中的蔚蓝……

身体一直很硬朗的父亲突患重病，一查竟是晚期，带他辗转各大医院就诊效果甚微，我们兄妹四人轮流侍候不到四个月，老人家最终还是不堪病痛的折磨撒手人寰了。临终前那不舍与留恋的眼神无法忘却，在路上、在车里、在梦中，蓦然想起父亲的音容笑貌，不禁潸然泪下。之前经常会给父亲打电话聊聊天，听他说说家长里短，每次接我电话，父亲总是先慈祥地叫着我的名字，如今，再无慈父唤儿声。

人生淡然如花，行走一路芬芳。这种乡愁，是挥挥衣袖后掸落的尘埃，是喧闹浮躁归于平凡后的宁静。正如这满目的蔷薇，安度一夏岁月，不误花期，一世清宁。

世界未必多情，唯有家乡方可抵御寒冷。

后 记

2021年初，盐城分行新一届党委班子成立以来，在总行党委的坚强领导下，探索形成并践行"政治立行、业务强行、制度管行、队伍兴行"的高质量发展理念，大力弘扬"首创、担当、团结、实干"四种精神，创造了很多具有分行辨识度的新品牌、总行显示度的新业绩、地方美誉度的新成果。我们着力打造"盐鸣九州"品牌，努力使之成为培养人才的平台、施展才华的舞台、进位争先的擂台、文化传承的讲台；我们存贷款规模双双迈上千亿元台阶，综合考核多次排名江苏银行系统内前列；我们连续五年荣获市级机关单位综合考核第一等次、连续三年被表彰为盐城市"争星创优"五星级企业，为盐城市金融机构唯一；我们的外部形象得到更加全面的展示、内部你追我赶的发展氛围愈加浓烈，在地方上的地位和影响力也在不断地提升。

2021年2月—2024年7月期间，分行广大干部员工在工作之余，直抒胸臆、表达真情，在总分行门户网站及"融创家园"微信公众号等载体撰写读书心得、畅谈工作理想、分享生活感悟。本书即按时间顺序，收集整理了这段时间分行员工撰写的诗文。这是分行员工金融强国建设实践的心得录，也是分行员工勇毅前行的心声集，一篇篇诗文的背后，我们能够看到大家脸上的笑、眼里的光、心中的火，彼此映衬、相互温暖、聚合力量；我们能够看到一个个追赶时间的盐城分行人，一个个追逐梦想的盐城分行人；我们能够看到分行上下"融你我 融无限"，朝着共同的愿景目标同心同德、同力同行，在争做全行高质量发展排头兵的路上走得很显底气、很有力量、很见神采。

每一粒砂石，都蕴藏着层峦的巍峨；每一滴水珠，都承载着波涛的跌宕。同样，每一位盐城分行人，都是书写金融故事、融创美好生活的主角。期待我们汇聚智慧、相互赋能，携手分行共成长！

盐城滨海籍著名书法家、中国艺术研究院书法院院长管峻先生欣然为本书题写书名，中国作家协会会员、江苏省作家协会全委会委员、盐城市作家协会主席徐向林先生为本书作序，在此谨致谢忱！

　　由于篇幅有限，还有许多优秀的文章未能入选本书，这令我们非常遗憾。同时，因我们水平有限，加之时间较紧，如有不当之处，敬请批评指正。

编　者

2024 年 7 月 16 日